人邮体育　青少年身体训练动作指导丛书

中国青少年体能训练师认证参考教材

全国体育运动学校联合会
专业推荐

青少年身体训练动作手册

药球与壶铃训练

王雄　主编

人民邮电出版社

北　京

图书在版编目（CIP）数据

青少年身体训练动作手册. 药球与壶铃训练 / 王雄
主编. -- 北京 ：人民邮电出版社，2020.5
（青少年身体训练动作指导丛书）
ISBN 978-7-115-52009-8

Ⅰ．①青… Ⅱ．①王… Ⅲ．①青少年－身体训练－手
册 Ⅳ．①G808.17-62

中国版本图书馆CIP数据核字(2019)第197261号

免责声明

本书内容旨在为大众提供有用的信息。所有材料（包括文本、图形和图像）仅供参考，不能用于对特定疾病或症状的医疗诊断、建议或治疗。所有读者在针对任何一般性或特定的健康问题开始某项锻炼之前，均应向专业的医疗保健机构或医生进行咨询。作者和出版商都已尽可能确保本书技术上的准确性以及合理性，且并不特别推崇任何治疗方法、方案、建议或本书中的其他信息，并特别声明，不会承担由于使用本出版物中的材料而遭受的任何损伤所直接或间接产生的与个人或团体相关的一切责任、损失或风险。

内 容 提 要

"青少年身体训练动作指导丛书"共8册，是中国青少年体能训练师认证参考教材，并得到了全国体育运动学校联合会的专业推荐。丛书由国家体育总局训练局体能训练中心创建人、负责人王雄主编，并由多位国内青少年体能训练专家、体育教育专家和奥运冠军担任专家顾问，旨在帮助青少年进行正确的动作练习，得到科学的锻炼指导。

本书首先介绍了药球和壶铃训练的基础知识，解析了它们在青少年身体素质提升锻炼中的运用优势。接着，本书采用真人示范、分步骤图解的形式，对超过70种动作练习的执行步骤、训练部位、主要肌肉、训练板块和训练目标等内容进行了讲解。最后，本书提供了针对不同训练需求的9个训练方案，旨在帮助青少年有效提升体能。

◆ 主　编　王　雄
　　责任编辑　刘　蕊
　　责任印制　周昇亮

◆ 人民邮电出版社出版发行　　北京市丰台区成寿寺路 11 号
　　邮编　100164　　电子邮件　315@ptpress.com.cn
　　网址　https://www.ptpress.com.cn
　　涿州市般润文化传播有限公司印刷

◆ 开本：700×1000　1/16
　　印张：10　　　　　　　　　　2020 年 5 月第 1 版
　　字数：143 千字　　　　　　　2024 年 11 月河北第 4 次印刷

定价：49.80 元

读者服务热线：(010)81055296　印装质量热线：(010)81055316
反盗版热线：(010)81055315
广告经营许可证：京东市监广登字 20170147 号

编委会

主编：王 雄

编委：沈兆喆　刘 蕊　林振英　陈 洋　崔雪原　赵 芮　付子艺　王晓斐
　　　张可盈　高延松　苗 宇　刘 也　朱昌宇

专家顾问成员：

孙文新——全国体育运动学校联合会教育发展委员会主任、幼儿体育分会会长，国家体育总局教练员学院教练员培训部原部长，研究员

张 冰——清华大学体育与健康科学研究中心主任，教授，博士生导师

闫 琪——国家体育总局体育科学研究所研究员，奥运金牌运动员体能教练

李丹阳——中国体育科学学会体能训练分会秘书长，武汉体育学院体能中心主任

张欣欣——北京市史家胡同小学副校长，特级体育教师，国培计划小学体育骨干教师培训指导教师

赫忠慧——北京大学体育健康中心主任，教授，国家学生体质健康标准数据库研究组成员

徐建方——国家体育总局体育科学研究所科学健身与健康促进研究中心主任，研究员

史东林——河北体育学院副院长，博士，中国体育科学学会体能训练分会常委

惠若琪——女排奥运冠军，惠基金发起人，元气排球发起人

范忆琳——体操世界冠军，范忆琳体操俱乐部创建人

冯 娟——国家体育总局训练局青少年俱乐部田径、体能训练专家，高级教练

尹晓峰——上海体育科学研究所信息研究中心主任，副研究员，上海市青少年体育协会体适能分会副秘书长

姜天赐——中国儿童中心教育活动部副部长，儿童体育兴趣培养专家

彭庆文——湖南怀化学院体育与健康学院院长，教授，幼儿体育研究专家

杨晓生——华南师范大学体育科学学院原党委书记，体育人文社会学教授

黄 波——华南师范大学体育科学学院副院长，教授，广东省学生体育艺术联合会游泳分会秘书长

唐 芬——广州市黄边小学校长，党支部书记，小学体育高级教师

吕 棣——北京市光明小学体育组组长，小学体育高级教师

张 旎——北京市十一中学一级体育教师，艺术体操国家一级运动员

彭劲枫——深圳市教育督学，深圳市福田区上步小学教科室主任

杨 斌——卡玛效能运动科技创始人，首席技术官，健身专家

谭廷信——"惠运动"智慧校园数字体育平台发起人

吴 东——北京能量学院儿童体能培训机构创始人、首席技术官

刘 派——优思搏体育创始人，儿童教研专家

Randy Huntington——美国著名田径教练，现中国国家田径队苏炳添、陆敏佳等队员主教练

Ken Vick——美国VSP运动表现机构首席专家，美国青少年Spark课程项目技术顾问

致　谢

　　感谢为本丛书的出版做出积极贡献的强大的顾问团队，他们当中有拥有多年教龄的中小学体育教师，也有在一线执教多年的知名教练，还有幼儿体育、儿童兴趣活动、儿童教育实践、体质促进研究、青少年体能训练、青少年运动员科学训练和健身健康等领域的专家学者，他们代表了国内儿童和青少年身体训练领域的领先力量，也感谢其他国内同仁对这个领域的研究和实践所做的贡献。感谢人民邮电出版社有限公司对儿童和青少年体育领域的全力支持，感谢灌木拍摄团队的精心准备和辛勤付出，感谢本书的编委团队，我们一直在努力做好每一处细节，力争给大家提供一份可参考的材料。大家一起努力共同推进国内儿童和青少年训练领域的健康发展。

　　本丛书尚存在诸多不足之处，但这套1.0版本仅仅是开始，未来我们将会吸收更多的内容、理念，在细节上持续打磨和完善。此外，早在2013年我查阅市面上的儿童青少年体能训练资料的时候，就发现相关方面的研究资料及参考书极其有限，作为专业人员必须拥有的使命感促使我下决心编写一套能为儿童和青少年体育活动实践者提供帮助的材料，现在既然已经开始，我就会继续下去、不断升级，逐步打造出一系列科学、全面、实用的儿童和青少年身体训练动作指导手册！恳请所有读者向我们提出宝贵的建议！

　　科学发展观，少年中国梦。期待本丛书能够为国内儿童和青少年的身体训练发展带来一些促进和益处，让孩子提升生命质量，形成终身运动的好习惯，实现我们的共同目标："一切为了孩子，为了孩子的一切，为了一切孩子！"

丛书推荐序

2019年9月2日，国务院印发了《体育强国建设纲要》（以下简称《纲要》），体育强国梦有了明确的时间表和路线图。这份激动人心的体育强国建设规划从多个层次对青少年体育发展进行了清晰的表述，指出要充分发挥体育在建设社会主义现代化强国新征程中的作用。而儿童青少年体育乃是发展之本，国运兴需要体育兴，少年强才能国强。

这份一直规划到2050年的《纲要》在其"战略目标"中提到："青少年体育服务体系更加健全，身体素养显著提升，健康状况明显改善"。在其"战略任务"中提到："将促进青少年提高身体素养和养成健康生活方式作为学校体育教育的重要内容，把学生体质健康水平纳入政府、教育行政部门、学校的考核体系，全面实施青少年体育活动促进计划"。在《纲要》的解读中，进一步提到了"青少年体育发展促进工程"，将要："构建社会化、网络化的青少年体育冬夏令营体系，开展青少年体育技能培训，使青少年掌握2项以上运动技能；丰富青少年体育赛事活动，形成一批具有较大影响的社会精品赛事活动；构建青少年体育社会组织管理和支持体系，促进青少年体育俱乐部、青少年户外体育活动营地等发展。实施青少年体育拔尖人才建设工程，推动体校特色运动队、俱乐部运动队、大中小学运动队及俱乐部建设。进一步发挥体校和社会俱乐部培养竞技体育后备人才的优势。落实教练员培养规划，实施教练员轮训，提高青少年体育教练员水平"。《纲要》将在接下来的时间里，进一步引领我们的青少年体育事业的发展。

我在体育行业工作四十五年，工作方向从全民健身到竞技体育再到青少年体育，现所在的全国体育运动学校联合会的主要工作宗旨是：团结和推动全国各级各类体育运动学校、青少年体育俱乐部等会员单位的建设与发展，为提高青少年身体素质、培养输送高水平竞技体育后备人才和为社会培养合格的体育专业人才服务，努力为各类青少年体育组织提供一个发展和交流平台，推动中国儿童青少年体育事业发展，促进体育强国和健康中国建设。对于儿童青少年的成长发展来说，体育运动在其中扮演着重要的角色。体育运动能够提升身体素质，促进身体健康和脑力发展，同时培养运动精神和团队精神，增强抗挫折能力和勇气，让每一个孩子能更好地成长为社会需要的人才。

由王雄老师主编的这两套丛书："儿童身体训练动作指导丛书"和"青少年身体训练动作指导丛书"，其编委会集合了行业内多位知名的专家顾问，包括儿童青少年领域的科研人员、资深中小学体育教师、一线执教的国家队体能教练和青少年俱乐部的儿童训练专家等，代表了国内儿童青少年身体训练领域的先进力量。丛书的内容体系完整，涵盖广泛，表述清晰，针对6~15岁的儿童和青少年。在目前国内中小学生的完整的身体训练体系还在摸索和构建的背景下，丛书为广大体育和教育领域的工作者，尤其是各级体校教练、小学体育教师以及青少年俱乐部教练提供了针对儿童和青少年体能教育的指导策略和教学模式参考，并帮助其设计适合不同发育水平孩子的身体训练计划，从而达到丰富体育课程内容、全面提升儿童青少年身体素质和健康水平的目标。丛书突出了儿童青少年训练的针对性、规范性和实效性，丰富了青少年运动训练的多样化方式，可作为广大家长、体育教师、教练员和体能训练师的参考用书。

在具体内容上，丛书根据不同年龄段儿童青少年的生理和心理发展特征，采用了适用于不同年龄段的身体训练动作和活动方式。例如在儿童徒手练习当中，涵盖了儿童肌肉力量、爆发力、协调性、速度、灵敏反应、柔韧性和能量代谢练习等多个素质类别，还包括大量的动作模式练习、双人配合练习、爬行练习和儿童瑜伽等丰富多彩的实践内容。在形式上，除了提供高质量的动作图片展示之外，还具备通过扫描二维码看视频的功能，可以让读者一目了然地全方位了解动作过程，帮助施教者提供更安全、更科学和更准确的体育教学。

科学发展观，少年中国梦。我仅代表全国体育运动学校联合会衷心将本套丛书推荐给所有儿童青少年的家长、学校体育教师、儿童和青少年身体训练研究人员、从事儿童和青少年体能教育培训的教练或技术人员、相关基层专业队以及青少年俱乐部队伍的教练员。希望丛书能为国内的儿童青少年提供更科学、更安全和更有趣味性的运动指导，帮助孩子们打下坚实的身体运动基础，掌握运动技能，提升运动表现，并享受运动带来的健康和乐趣。

职务：全国体育运动学校联合会教育发展委员会主任，研究员

原任：国家体育总局干部培训中心副主任，国家体育总局教练员学院教练员培训部部长，北京体育大学及河北师范大学的硕士、博士研究生导师

2019 年 10 月 25 日

丛书序

儿童和青少年是祖国的未来，民族的希望。强健儿童和青少年体魄，帮助下一代培养良好的生活习惯和运动精神，有利于其塑造正确的人生观和价值观。

在数字经济和人工智能飞速发展的大时代背景下，我们的身体依然停留在为运动而设计的远古时代。体育运动的意义不仅是闲暇时的消遣，还是人类平衡现代生活习惯和远古人体设定的最有效途径。体育运动对促进儿童和青少年身心的全面协调发展有着不可替代的重要作用，而儿童和青少年体育不仅是所有体育事业的基石，更是发挥教育功能和社会效益的重要工具。致力于发展儿童福利事业的宋庆龄曾呼吁——一切为了孩子，为了孩子的一切，为了一切孩子。这句话精辟凝练，含义深刻，是我们全社会践行儿童青少年体育工作的宗旨。

1. 政府重视，政策支持

青少年体质健康历来受到高度重视，习近平总书记在2014年8月15日看望南京青奥会中国体育代表团时强调，少年强、青年强则中国强。少年强、青年强是多方面的，既包括思想品德、学习成绩、创新能力和动手能力，也包括身体健康、体魄强壮和体育精神。此外，习近平总书记高度重视学校体育工作，在系列讲话中指出，身体是人生一切奋斗成功的本钱，少年儿童要注意加强体育锻炼，家庭、学校、社会都要为少年儿童增强体魄创造条件，让他们像小树那样健康成长，长大后成为建设祖国的栋梁之材。要从娃娃抓起，扎扎实实提高竞技体育水平，持之以恒开展群众体育，不断由体育大国向体育强国迈进。

为扭转当前学生体质健康状况持续下降的趋势，近年来，党中央和政府陆续发布了多项政策指令。2007年中共中央、国务院印发《关于加强青少年体育增强青少年体质的意见》（中发〔2007〕7号）；2012年国务院办公厅转发教育部等部门《关于进一步加强学校体育工作的若干意见》的通知（国办发〔2012〕53号）；2013年十八届三中全会通过的《中共中央关于全面深化改革若干重大问题的决定》明确提出"强化体育课和课外锻炼，促进青少年身心健康、体魄强健"的青少年体育工作目标；2016年国务院办公厅印发《关于强化学校体育促进学生身心健康全面发展的意见》（国办发〔2016〕27号），指出"以'天天锻炼、健康成长、终身受益'为目标,到2020年学生体育锻炼习惯基本养成,运动技能和体质健康水平明显提升,规则意识、合作精神和意志品质显著增强"。针对影响儿童青少年健康方面比较突出的近视问题,2018年8月30日,教育部、国家卫生健康委员会、国家体育总局等8部门联合印发《综合防控儿童青少年近视实施方案》,明确提出了2023年和2030年的近视防控目标。

2.社会关注,市场推动

体质健康水平关系到青少年的健康成长,关系到千家万户的幸福。近年来的全国学生体质健康调研结果显示,我国学生的平均身体素质和健康水平连续多年持续下降,学生体质健康方面存在着诸多令人担忧的严重问题。

一段时期以来,关于我国儿童和青少年体质水平连续下滑的报道不断:由于受到充斥着电子游戏和垃圾食品的生活环境,以及久坐少动的现代生活方式的影响,儿童和青少年的劳动及体力活动急剧减少;由于营养过剩,儿童和青少年肥胖率不断上升;由于学习负担过重,儿童和青少年缺乏足够的活动时间;由于体育课安排不足,儿童和青少年运动个性化、多样化和科学化不够……这些问题已引发社会各界的广泛关注。

为了解决这些问题,全国各地的学校都在不断尝试进行体育教学改革,同时各式儿童体能训练机构如雨后春笋般地在一些城市中快速涌现。然而,应该如何进行儿童和青少年身体训练,学校和家长应该如何配合,学校及儿童体能训练机构如何才能为孩子提供更科学、更安全、更方便、更有趣、无污染的、有监控的、个性化的、有规划的体育课程或身体练习方案……针对以上问题,无论是理论研究还是实践指导,相比一些有长久积累和规模发展的国家,我国还处于起步阶段,需要虚心学习和研究借鉴。

除了学校,目前国内儿童青少年体育培训机构早已超过万家,专业的儿童体能训练机构的数量也在不断增加,不仅在一线城市形成了规模化发展,更在二线和三线、四线城市中迅速发展。即便如此,目前全国平均每2万名儿童青少年才对应一家专门的体育培训机构,远远无法满足实际需求。然而需求还在持续增长,中国新一代年轻父母在子女体育运动爱好培养及体能提升培训方面的投入不断增加,在家庭消费支出中占据重要比重。市场的巨大潜力推动了行业的发展,但与此同时也给行业带来发展中的挑战,我们需要避免急功近利导致的市场乱象，应当在标准化、规范化的运营管理和科学化、个性化的课程安排方面，尽力促进整个行业的健康发展。

3.遵循科学，遵循规律

让运动成为孩子生活一部分，让每个孩子都可以愉快地参与丰富多彩的体育活动，享受高质量的体育教育给身心带来的积极变化，从小树立良好的运动习惯和体育价值观是我们的目标。只有家庭、学校和社会共同发力，创造一个有利于儿童青少年身心发展的健康运动环境，才能帮助孩子们提升体质和强健体魄。而在儿童青少年的体育教学理念中，最重要的就是遵循孩子的身体的生理发展规律，也就是我们经常说的"敏感期"问题。

科学研究证明，在青少年生长发育的过程中，身体形态和机能发展不是均衡渐进的，并存在着"敏感期"。这种敏感期是指某种运动素质在儿童、青少年时期，在有机体自然生长发育的基础上，可以实现最优化发展的某些特定年龄阶段。例如，在孩子的肌肉发育过程中，首先应关注大肌群的增长，然后是精细化的动作控制。在某个阶段，孩子力量的增加主要依靠神经肌肉协调控制，而非肌肉体积的增大或肌纤维数量的增加。因此，如果我们在孩子的儿童青少年时期能按照其素质发展敏感期的规律对其进行训练，就能最大限度地发展其身体素质，为孩子今后的体质健康和运动表现提升打下坚实基础。

敏感期又被称作"天窗期"，国内外对其的研究很多。出现敏感期的不同身体素质可训练的最佳时机，也被叫作"训练天窗"（Optimal Windows of Trainability）或"最佳训练能力窗口"。

要注意的是，人的一般生长发育是有规律的，但因为受遗传、营养和运动等因素的影响，个体发育的时间是不同的，因此每个人的敏感期出现的时间也是不同的。早发育和晚发育都会偏离正常年龄发育水平两三岁，也就是说，同龄人的身体发育水平差异可能达到4~6岁！两个实际年龄为10岁的孩子，一个发育年龄可能才7岁，而另外一个可能是13岁！此外，一般认为，同龄的男孩女孩会在8岁开始出现发育差异，最好从这个年龄后就对男孩和女孩进行有区别的、针对性的身体素质训练。

因此，在青春期前的敏感期通常与年龄相关，在青春期开始后，敏感期的划分和青春期男孩女孩的一些生理标志出现的时间点有关，如青春期开始、生长峰值点和月经初潮等。目前，在国内外资料当中被研究证实的，同时较为公认和流行的是运动员长期发展模型（LTAD，Long-Term Athlete Development）。按照LTAD模型，身体素质敏感期（训练天窗）有13个，如下表所示。

身体素质敏感期（训练天窗）年龄区间

运动素质	不同敏感期（训练天窗）的出现时间					
性别	男孩			女孩		
柔韧天窗（2个）	第一天窗期	第二天窗期		第一天窗期	第二天窗期	
	5~8周岁	12~14周岁		4~7周岁	11~13周岁	
速度天窗（2个）	第一天窗期	第二天窗期		第一天窗期	第二天窗期	
	7~9周岁	13~16周岁		5~8周岁	11~14周岁	
技术天窗（2个）	第一天窗期	第二天窗期		第一天窗期	第二天窗期	
	9~12周岁	14~18周岁		7~10周岁	12~16周岁	
协调性天窗（1个）	天窗期			天窗期		
	12~14周岁			11~13周岁		
力量天窗（3个阶段）	天窗第一阶段	天窗第二阶段	天窗第三阶段	天窗第一阶段	天窗第二阶段	天窗第三阶段
	12~15周岁	15~20周岁	20~25周岁	10~13周岁	13~18周岁	18~21周岁
	注释：身高突增期后的6~12个月是第一个敏感期，增长速度最快。后期两个阶段增长速度逐渐放缓			注释：身高突增期或月经初潮后是第一个敏感期，增长速度最快。后期两个阶段增长速度逐渐放缓		
耐力天窗（2个）	12~14周岁	17~22周岁		11~13周岁	16~21周岁	
爆发力天窗（1个）	16~22周岁			15~21周岁		

4.因材施教，全面发展

儿童和青少年体育教育是教育体系中不可或缺的重要部分。相比国外的一些国家多年的系统研究和推广实施，我国的儿童和青少年体育教育整体水平仍有待提高。我们还缺乏多样化的身体素质练习手段，缺乏系统深入的研究支撑和长期发展的详细规划设计，缺乏一大批拥有专业资质和实践经验的教练员。当然，我们的发展是迅速的，近些年无论是在理论体系研究上，还是在实践方法组合上，都取得了喜人的成绩，未来可期。

在遵循儿童青少年身体生理发展规律的基础上，我们要因材施教，全面发展。在具体的训练执行和练习方式上，以下几个常见问题是最受家长、教练和老师们关注的，同样也是所有儿童青少年训练一线工作人员必须了解的。

（1）儿童青少年的练习方式是否和成人完全一样？

首先，就人体动作而言，对于已具备自由行走能力的儿童或青少年，其可以完成的大多数练习（如下蹲、跳跃和跑步等）的基本动作模式和成年人是完全一样的。不论是普通人还是运动员，不论是儿童还是老年人，其动作模式和动作方式的本质始终一样。Crossfit的创始人格拉斯曼（Glassman）曾说过："奥运会运动员和我们的外婆，对于运动的需求只有程度上的差别，没有种类上的差别"。

其次，儿童和青少年的动作模式和成人一样，在某些细节要求上也一样，但是在具体的动作要求和发展目的上，强调的重点不一样。例如，儿童和青少年体能训练更加强调正确动作模式的自动化训练，强调神经肌肉的本体感觉和动作姿势的标准，而不是强调训练负荷和训练强度。

（2）孩子应先练专项还是先练体能？

目前所有的相关研究建议并强调，孩子应该在提升基础运动技能的基础上，再参加竞技性体育运动。专家们就先有合适的身体基础，再去练专项的观点似乎已基本形成了共识。美国著名的儿童体能教育专家斯蒂芬·维尔吉利奥（Stephen Virgilio）博士在其所著的《儿童身体素质提升指导与实践（第2版）》一书中就明确指出并强调，在基础体能和专项技术之间，孩子应该先提升基础运动技能，在强化了骨骼肌肉系统和神经肌肉控制系统之后，再参加竞技性体育运动才是最好的选择。

这个规律以多种形式被应用于日常生活中。当儿童青少年刚开始进行体育锻炼时，篮球、游泳等运动专项对其吸引力也许更大。这些项目的初期学习目标是掌握一些基本技能，同时老师或教练也会教授一些热身练习。但是一旦孩子已经学会某个运动专项的基本技能，并且想要获得技能水平的进一步提升，就必须参加专门和正式的体能训练了。

（3）儿童和青少年是否能进行力量训练？

这个命题的研究在美国已有很长时间，之前有观点认为，孩子的肌肉正处于生长发育阶段，不应该过度使用，而且负重训练的危险系数太高。近二十年来，各大权威机构纷纷发表了有关儿童青少年的健身指导文章，推荐其进行力量训练，这些机构包括：美国儿科学会（AAP）、美国运动医学会（ACSM）、美国运动委员会（ACE）、美国国家体能协会（NSCA）、英国体育与运动科学协会（BASES）和加拿大运动生理学会等。

其中，美国儿科学会声明："适度的力量训练对于青少年的生长发育、骨骼愈合、心脏循环系统没有明显的副作用。"美国运动医学会认为："一般来说，如果儿童做好了参加组织好的体育运动的准备——如一些小型的足球、棒球联赛或者体操比赛——这就表明他们做好了可以进行一些力量训练的准备。"美国国家体能协会则这样表述："青少年的力量训练在以下情况下是安全而有效的：有一个善于制定训练计划的资深教练（或老师）的指导和监控，且青少年自身已掌握了适当的动作技术。"

对于年龄较小的儿童是否可以进行力量练习，国外最新研究认为，幼儿园到六年级的儿童不应执行最大负重练习，然而，哪怕年龄小到只有 2 岁的儿童，都是可以通过进行阻力练习来增强骨骼发育的。国外的长期研究和实践已证明，科学的力量训练是促进儿童青少年体质健康和运动能力增强的有效方法，有监督、有计划、科学合理的力量训练其实是一种安全有效的训练方式，对孩子肌肉生长发育有诸多益处。力量素质是参与一切体育活动的基础。在日常体育课教学中，合理安排力量训练环节可以逐步提高学生的身体素质和运动能力。因此，本套丛书提供了多种适合学生力量素质发展的练习方法，并针对不同年龄孩子的生长发育情况制定了不同的个性化训练计划，图文并茂，通俗易懂，引导学生科学系统、安全高效地进行力量训练，并为体育教师和体能教练提高孩子的身体素质和专项运动成绩提供了技术支持。

（4）为什么儿童青少年身体训练要关注动作模式？

儿童青少年的身体训练是为了打好身体基础，提升体能水平，且体能水平包含动作、身体素质和运动表现三个维度。动作是其中最本质和最基础的——任何日常身体活动和竞技运动都是由基本身体动作组成的，力量、爆发力、耐力、速度、敏捷、平衡、协调和柔韧等其他身体素质的发展都建立在此基础之上，最终达到实现结合运动专项或者其他功能需求的运动表现的目标。

动作模式就是遵循人体科学运动基本原则，让身体以最佳路径和最佳效率完成动作的过程。动作练习的目的就是建立正确的动作模式，并优化发展为动作技能。好的动作模式可以让你用最小的力和最经济的能量消耗来达到最佳的运动表现。专业运动员为了更好的竞技运动表现，突破既定的运动极限，时刻不断改进自己的技巧，熟练自己的技能，为的就是能在更好的动作模式下提升至最好的成绩。普通人也是如此，如果没有正确的动作模式，就会在运动中事倍功半。但大多数普通人的动作模式并不正确且已经"定型"，只能通过科学的纠正性训练进行矫正，且矫正过程异常复杂而艰难。而这种"最佳"动作模式建立和优化的最佳时期必定是在儿童青少年阶段。

动作模式的练习讲究神经肌肉的本体感觉和协调配合，以及动作姿态的有序控制。例如，在下蹲练习中，一个正确动作模式的下蹲动作需要踝关节、膝关节和髋关节的弯曲角度合理，踝部有足够的灵活性以保证膝关节的位置正确，膝盖有合理的折叠角度以帮助身体更好地利用大腿肌肉，髋部有合适的位置以保证上半身角度合理，同时，还需要躯干和核心配合发力，以及背部肌肉的参与。其他任何动作细节，包括肩膀的位置，头部的角度，甚至是视线，都有可能影响到整个身体联动发力的变化和动作模式的效率。

此外，练习动作模式的另一大功能就是保护身体，预防伤病。人体关节有两个基本特性：灵活性和稳定性，往往以一个为主，另一个为辅，这是人体的"原本设计"，是不可改变的。错误的动作模式会使某一关节的灵活性或稳定性产生变化，并进一步造成上下联动关节的错误代偿。虽然人体具有自我纠正能力，但一旦运动过量或负荷过大，就会产生永久性运动损伤。例如，硬拉练习是一个综合性训练动作，可以锻炼全身上下的多数肌肉，特别是后链肌群。但硬拉练习的训练目标不仅是肌肉，更重要的是动作模式。如果在练习过程中存在腹部用力不够、肩胛肌肉或腰背部肌群参与不够等问题，很容易导致人体脊柱过度屈曲，给脊柱造成额外的压力，使其成为一个错误而危险的动作。

因此，儿童青少年时期的身体训练要重点关注动作模式，以最有效率的动作幅度和最经济的能量消耗来获取最大的运动收益，这也是进行身体训练的黄金法则。

（5）一些高难度、高强度练习是否适合儿童青少年？

斯蒂芬·维尔吉利奥博士曾明确提出建议：10岁以上的孩子应每周至少有5天进行60分钟以上中等强度或更激烈的体育运动。我国的儿童青少年普遍存在运动参与较少的问题，如果突然加大训练量或训练强度，会出现不适应的情况。但只要循序渐进，科学进阶，孩子一样是可以做好很多强度较高、难度较大的训练的。从美国、德国和日本等国家的很多儿童训练视频和教程可以看出，孩子的训练强度和训练质量可以是很高水平的。因此，在保障好基本安全的前提下，遵循科学指导的原则，家长、老师和教练完全不必过度担心。

此外，一些欧美国家的专家认可并建议将基础体能训练（包括力量训练、有氧健身和关节灵活性训练等）融入中小学体育课程，以全面提升孩子们的运动能力，让孩子获得受益终生的训练技术、健康知识、训练态度和生活习惯，以及成年后参与体育运动所需要的知识和信心，并为未来的运动生涯打下基础。

（6）如何保障每一个孩子的训练积极性？

现代儿童和青少年的生活方式与历史上任何时期相比都发生了根本性的变化。不同于过去，现代孩子们大部分时间都在有封闭保护的环境下进行着消极的娱乐活动。要激发孩子的训练兴趣，首先要打破成人"缩小版"的训练模式，取而代之的应该是根据每个不同年龄、体质和特点的孩子定制个性化计划，最大限度地提升孩子对参与训练的兴趣，激发他们的好奇心和挑战心理。

对于每个孩子来说，体育活动都应该是有趣并且愉快的，而不应仅仅是有天赋的孩子才会有这种感觉。体育活动并不一定要有明确的名次目标，我们必须停止将10岁孩子作为年轻版的成人运动员来对待这种做法，而应让他们顺其自然地发展，让孩子们自由地活动、玩耍和娱乐，在运动中展示自我。在设计上，要敢于打破传统的体育教学套路，设计一些孩子喜欢并易接受的创新性体能练习方法，让每一个孩子都能够毫无压力地参与其中，从而摆脱久坐少动、肥胖和营养过剩对身体带来的不利影响，在轻松和欢乐中逐步提升自身的身体素质和运动表现。

在教学方法上，教师在训练的开始阶段要"低估"孩子的运动能力，然后逐步增加动作难度和运动强度，并且始终强调动作的规范性而不追求过度练习，坚持适当的练习永远优于过度训练。此外，教师要多与孩子进行互动，关注孩子的情绪状态，了解他们的想法和感受，多给予孩子鼓励和赞扬。教师还应及时记录训练信息，监督训练成果，让孩子理解和感受训练的益处，享受训练过程，从而激发孩子终身锻炼的兴趣。

一个全面的儿童青少年训练计划的执行过程，应该包含艺术和科学两个方面。科学是为了理解训练的原理和方法，艺术则是为了满足不同需求、目标和能力的训练者，并为其设计安全、高效和有趣的训练计划。对于孩子的训练不用过分讲究"No pain, No gain（无痛则无果）"，训练不仅仅是为了增长肌肉力量和运动表现水平，更是为了让孩子了解自己的身体，保持运动的兴趣，收获更多的快乐。这种快乐是在掌握技能与完成挑战性任务之间的平衡中获得的，孩子只有在训练中获得了知识、技能和信心，并且感受训练所具有的挑战性时，身体训练才是一种有趣的活动。

5. 本丛书的对象和受众

本丛书的阅读对象分为四类人群：儿童和青少年的家长；学校体育教师和从事儿童和青少年身体训练相关研究工作的人员；专业从事儿童和青少年体能教育培训的教练或技术人员；相关基层专业队、青少俱乐部队伍的教练。此外，具备一定知识的青少年也可以直接阅读本丛书。

丛书分为两个系列："儿童身体训练动作指导丛书"和"青少年身体训练动作指导丛书"。目标受众是6~15岁的儿童和青少年。按照国内学龄阶段的划分，分为小学和中学两个学历阶段，同时按照九年义务教育的年限，按每三岁一个年龄区间分为3个层级，如下表所示。

儿童和青少年年龄、年级、学龄划分表

层级	年级划分	年龄区间	人群属性	学龄阶段
一	1~3 年级	6~8 周岁	儿童	小学生
二	4~6 年级	9~11 周岁	儿童	小学生
三	7~9 年级	12~14 周岁	少年	初中生

其中，第一层级和第二层级都属于小学阶段，对应的是"儿童身体训练动作指导丛书"，第三层级属于初中阶段，对应的是"青少年身体训练动作指导丛书"。当然，年级、学龄阶段不代表孩子的发育水平和身体运动能力水平，每个年级或年龄阶段都可能有处于不同发展水平的孩子，而且差异会很大。

国内对于儿童与青少年的界限划分以及对应的中英文词汇使用还比较混淆，为此，在查阅和参考相关资料的基础上，丛书在此做一个术语用法的大致介绍，同时明确一下年龄界限划分。美国国家运动医学学会（NASM）认为，青少年（Youth）这个词汇涵盖了一个较大的年龄范围，并且有广泛的含义，比如青年时代的意思，基本包含了儿童和少年阶段。美国疾病控制和预防中心（CDC）则使用儿童（Children）和青春期少年（Adolescent）两个词汇来对两组人群进行区分。通常来讲，刚出生到1周岁之间的小孩被称为婴儿（Infant），1~3

周岁则被称为幼儿（Baby），学龄前儿童（Preschool Children）相当于我们国家的幼儿园阶段，即3~6周岁，儿童（Children）所指的年龄范围为3~12周岁，而青少年（Teenager）所指的年龄范围为12~18周岁。NASM还指出，当涉及运动反馈时，儿童（Children）通常所指的年龄范围为6~12周岁，因为3~5周岁的儿童在分级测试和需要最大极限的运动中不会涉及。

此外，丛书在此要对英文中Kids、Adolescent、Juvenile和Teenager等几个相关词的意思和年龄界限进行一个简要释义。Kids（孩子）多从关系属性上强调相比之下跟自己感情亲近的孩子，更加口语化，而Children（儿童）更多泛指所有孩子，没有感情亲疏之分。Adolescent（青春期少年）这个词有名词和形容词双重属性，强调的是孩子处于青春发育期这个阶段，年龄区间一般是10周岁左右。Juvenile 也可以作形容词和名词，指没有发育成熟的青少年。而Teenager 是这几个词当中定义和年龄界限最明确的一个，指12~18周岁的青少年。参考下表，你将有一个清晰的了解。

术语年龄界限划分参照表

中文用词	婴儿	幼儿	学龄前儿童	儿童	青少年	青少年（广泛）
英文用词	Infant	Baby	Preschool Children	Children	Teenager	Youth
年龄范围	0~1周岁	1~3周岁	3~6周岁	3~12周岁	12~18周岁	6~18周岁

2019 年 9 月 27 日

前　言

在目前适合国内中小学生的完整的身体训练体系还在摸索和构建的背景下，本丛书期待为广大体育和教育领域的工作者，尤其是中小学体育教师提供针对儿童青少年体能教育的指导策略和教学模式参考，并帮助其设计适合不同发育水平孩子的身体训练课程，从而丰富体育课程内容，达到全面提升儿童和青少年身体素质和健康水平的目的。丛书突出了儿童和青少年训练的针对性、规范性和实效性，丰富了儿童和青少年运动训练的多样化方式，可作为广大体育教师、教练、体能训练师、健身教练和健身爱好者的参考书。

本丛书的内容参考了国内外多部训练相关图书和视频，包括《身体功能训练动作手册》，以及来自美国NASM的YES(Youth Exercise Specialization)教程和美国Gopher公司开发的Achieve儿童运动教程等。教师和教练可以根据孩子的年龄、个体能力和训练年限，选择从入门到高级的训练动作，作为训练计划制定的参考。

"儿童身体训练动作指导丛书"和"青少年身体训练动作指导丛书"的核心目的是动作指导，为了使用方便，同时便于读者找到合适的参考，本丛书按照徒手训练、拉伸训练和各种不同小器械训练的方式进行分类。在维度设置上，本丛书并没有按照训练板块，如热身整理、准备活动、基本动作技能、力量训练、核心训练、拉伸训练、快速伸缩复合训练、速度训练、游戏、瑜伽、有氧心肺、稳定性训练和灵活性训练进行划分，也没有从身体素质，如力量、爆发力、平衡、柔韧、灵敏、速度、心肺耐力和肌肉耐力等维度来设置。但是，丛书在动作体系分类中体现了以上两个维度，同时按照身体部位（如上肢、下肢和躯干等）和身体姿势（如站立姿、半跪姿、仰卧姿和俯卧姿等）等多维度来综合设置。

其中，"儿童身体训练动作指导丛书"针对1~6年级的小学生，年龄区间为6~11周岁，全套包括《儿童身体训练动作手册：徒手训练》《儿童身体训练动作手册：拉伸训练》《儿童身体训练动作手册：弹力带训练》《儿童身体训练动作手册：瑞士球与迷你带训练》《儿童身体训练动作手册：哑铃与壶铃训练》《儿童身体训练动作手册：药球与BOSU球训练》《儿童身体训练动作手册：栏架、平衡垫、泡沫轴与按摩棒训练》。

"青少年身体训练动作指导丛书"针对初中生，年龄区间为12~14周岁，全套包括《青少年身体训练动作手册：徒手训练》《青少年身体训练动作手册：拉伸训练》《青少年身体训练动作手册：弹力带训练》《青少年身体训练动作手册：哑铃训练》《青少年身体训练动作手册：瑞士球训练》《青少年身体训练动作手册：药球与壶铃训练》《青少年身体训练动作手册：BOSU球与迷你带训练》《青少年身体训练动作手册：栏架、泡沫轴与按摩棒训练》。

每本书均由三部分构成：第一部分介绍训练所用小器械的基础知识、主要训练优势，以及主要涉及的训练板块，如BOSU球主要用于平衡稳定练习，哑铃主要用于力量练习，栏架多用于灵敏练习和快速伸缩复合训练；第二部分是动作的详细板块，按照训练板块、身体部位、身体姿势和素质类别等，从多个维度和层面将动作进行了细致划分，以图文结合的形式详细介绍每一个具体的动作练习，说明动作步骤、动作要点和注意事项，且部分动作有对应的参考视频，读者可以通过扫描二维码进行查看；第三部分是训练计划示例，提供了若干个参考性训练计划。训练计划针对不同目的、不同水平儿童青少年设计，当然，书中所列的计划只是一个简要参考，读者可以根据需求或训练对象的具体情况设计更加多样化和个性化的训练计划，实现高质量体育教学的目标。

本丛书根据不同年龄段儿童和青少年的生理、心理和营养等发展特征，并参考目前国外流行的LTAD模型，确定适用于不同年龄段的体能训练动作和活动方式，比如《儿童身体训练动作手册：徒手训练》中，就涵盖了儿童肌肉力量和耐力、协调性、速度、灵敏反应、柔韧性和能量代谢练习等多个素质类别，同时还提供多种动作模式练习、双人配合练习、爬行练习和儿童瑜伽等丰富多彩的实践内容，帮助他们提升运动表现，加强团队合作，并享受运动带来的健康和乐趣。

这套丛书联合体育训练和学校体育行业的国内外专家，参考国际最新的儿童和青少年训练体系和领域研究成果，以简洁实用的动作练习和丰富实用的训练计划来呈现，拟搭建6~15周岁范围内，中、小学的两段课程体系，构建中小学身体训练课程及儿童和青少年体质健康解决方案，帮助施教者提供更安全、更科学、更具趣味性的体育教学，促进儿童和青少年更积极地参与体育活动，更轻松易行地掌握基本运动技能，更科学合理地全面提高身体素质。

动作视频在线观看说明

为了帮助青少年快速掌握动作技术，科学进行锻炼，本书提供了大部分动作练习的演示视频，具体可通过以下步骤在线观看。

步骤1 打开微信"扫一扫"（图1）。

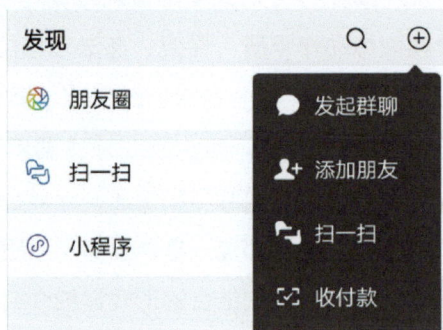

图1

步骤2 扫描动作练习页面上的二维码（图2和图3）。

图2

图3

步骤3 如果您尚未关注微信公众号"人邮体育"，扫描后会出现"人邮体育"的二维码（图4）。请根据说明关注"人邮体育"（图5），并在关注后点击"资源详情"（图6），即可进入动作视频观看页面（图7）。如果您已关注微信公众号"人邮体育"，扫描后可直接进入动作视频观看页面。

图 4

图 5

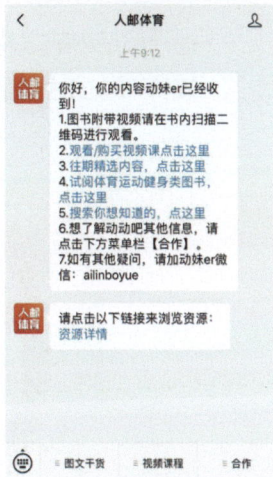

图 6

图 7

特殊说明：

1. 全书共提供了77个动作视频，且每个动作视频对应一个二维码。

2. 考虑到部分动作练习的单次演示时间较短和动作难度较大的情况，同时为了达到更好的指导效果，动作视频将重复演示动作练习若干次。此外，为了更好地展示动作细节，部分动作视频将从不同角度或书中演示侧的对侧演示动作练习并重复若干次。

目录

CONTENTS

CHAPTER **O3** 第3章

动作练习

CHAPTER **O4** 第4章

训练计划

CHAPTER **01** 第1章

药球基础知识与训练应用

药球训练是一种兼具趣味性和功能性的训练方法。了解药球的来源、发展、训练优势及注意事项等基础知识，能够帮助锻炼者更科学、高效地进行训练。

1.1　药球的来源与发展

　　药球（Medicine Ball）是一种球形的投掷器械，也叫作重力球。药球的直径为20~50厘米，重量为4~20磅（1.8~9.1千克）。和很多健身器械一样，药球最初产生于医疗康复领域，病人通过来回投掷药球，提高肌肉力量，提升肢体的灵活性，促进身体机能的恢复。由于训练效果良好，药球后来被广泛应用于健身领域，帮助练习者加强核心区域的力量，同时也可用于速度和爆发力训练。另外，因为药球训练属于多平面的、灵活性较强的运动，所以对关节周围的肌肉有很好的训练作用，可以使关节更稳定。专业运动员还可以利用药球模拟专项技术进行训练。

1.2　药球训练的优势

和其他器械训练相比，药球训练有着自身独特的优势。

上肢爆发力训练的重要训练手段

除长跑等耐力项目之外的大部分体育运动，都要求身体在短时间内输出最大的力，也就是说，爆发力水平的高低对运动成绩有着关键性的影响。药球训练包含许多抛、砸、推的动作练习，练习者在动作末端无须控制而完全释放药球，因此输出功率更大，从而提升爆发力水平。

上肢和躯干快速伸缩复合训练的最佳工具

快速伸缩复合训练的核心生理机制是肌肉会产生一个拉长—缩短周期。训练时，利用药球的弹性特点，练习者连续、快速地接球后抛出，可以使上肢和躯干肌肉产生快速的离心收缩，肌肉的牵张反射被激活，储存弹性势能，使随后产生的向心收缩更加有力。因此，药球是上肢和躯干进行快速伸缩复合训练的最佳器械选择。

有效提高专项运动表现

药球训练动作更接近于运动专项动作，例如，利用药球进行的旋转砸墙训练动作与乒乓球、网球的正、反手击球动作相近；过顶下砸训练动作与网球的发球动作、羽毛球的扣杀动作相近。因此，采用药球训练能够有效地增强运动专项所需的力量素质，提升运动表现。

更具有功能性

　　球体的形状决定药球具有多样的运动模式，末端完全开放的训练特点能够有效提升力的传递速率，更容易的抓握方式使药球可以被更好地应用于核心训练。此外，药球训练的运动范围较大，能够激发更多的肌肉参与运动。

性价比高，适用于各类运动场所

　　药球的性价比较高，且对运动场所的要求较低，不论是在健身房、家中等封闭场所，还是庭院、操场、草地等户外场所，都可以进行药球训练。

1.3　药球的类型与选择

药球的种类多种多样：从材质上看，可分为皮革材质的药球、橡胶材质的药球及聚氨酯材质的药球等；从弹性上看，可分为弹性药球、柔性药球和实心球等；从外观上看，可分为正常药球、单耳药球、双耳药球和绳索药球（甩球）等。练习者可根据不同训练需求，选择合适类型、尺寸和重量的药球。

通常来说，皮革材质的药球价格较低，易抓握，在投掷过程中更容易控制，但比较容易产生磨损，形状保持上不如橡胶材质的药球，扔到墙上也不容易反弹。橡胶材质和聚氨酯材质的药球的价格高于皮革材质的药球，表面摩擦力大，扔到墙上时反弹性好，使用这类药球进行练习时更容易掌握动作技术。单耳药球的外形与壶铃类似，适合单手抓握，练习者可利用其不稳定性进行手持药球的训练。双耳药球两边都有把手，便于进行双手持握、接抛球动作，适合核心区域的训练。使用绳索药球进行练习，增加了动作幅度和动作难度，对核心区域要求较高。绳索药球一般在练习者具备一定身体素质基础并熟悉相关动作后，作为进阶训练的器械使用。不建议练习者在初阶训练中使用绳索药球。

药球的选择，依练习者的身体素质及训练目标而定。一般来说，初学者尽量使用较轻的药球，随着训练水平及身体素质的提升，可逐渐增加药球的重量。另外，如果练习者想提升自己的力量及最大爆发力，可以选择较重的药球；如果练习者想发展身体的柔韧性、快速力量，可以选择较轻的药球。

1.4　药球训练在青少年身体素质提升锻炼中的运用优势

（1）作为一种新型的、有趣的健身方式，药球训练很容易受到大部分青少年的喜爱，并且训练效果显著。药球抛、接训练使得同伴之间可以相互配合，提升协作能力。此外，药球训练动作的变化形式多样，能够吸引青少年的注意力，调动他们参与训练的积极性。

（2）青少年处于力量快速增长的时期，目前存在的问题是，即使有些青少年很有力量，他们在体育运动中的表现也不尽如人意，究其原因是他们并不能将锻炼所获得的力量全部发挥出来。而药球训练的"可操作性"能够模拟实际体育项目中的动作，从而使青少年找到发力的感觉，掌握发力的模式，让已获得的力量能够充分发挥出来，最终提升运动表现。

（3）青少年需要全面的身体素质发展，但因为学业及家庭等因素，他们并没有充足的时间来进行锻炼。而药球训练的多样性、全面性能够有效解决这个问题。使用一个药球就可以锻炼身体的上下肢力量、爆发力、核心力量及稳定性、灵活性、柔韧性、平衡能力等，还可以通过科学的训练安排达到减脂的效果。

（4）各种姿势下的药球抛、砸、接、旋转动作都能够帮助青少年建立和巩固正确的动作模式，增强关节周围的肌肉力量，使得青少年在体育活动中姿势更标准，动作更安全，有效避免运动损伤的出现。

1.5　药球训练的注意事项

（1）保证安全的训练环境。因为药球训练涉及很多抛、摔、砸的动作，为了安全，训练时必须确保身边没有镜子等易碎品及与训练无关的人员。

（2）药球训练包含蹲、跳跃、旋转等动作，动作幅度大，因此训练过程中应穿着宽松的运动服，时刻集中注意力，以免砸到自己或者他人。

（3）训练前要进行充分的热身。药球训练包含很多快速的、爆发式的身体旋转动作，若热身不充分，很容易发生肌肉拉伤。

（4）药球训练具有输出功率大、动作频率高的特性，训练时，需要高度集中注意力，因此要保证充分的休息时间，以避免训练疲劳导致的身体损伤。

（5）药球训练的难度大于其他传统器械，因此必须选择合适重量的药球，且在训练过程中要密切关注自身的身体状况，如出现身体不适要及时停止训练。

CHAPTER 02

壶铃基础知识与训练应用

壶铃是一种在大众健身和专业体能训练领域得到广泛运用的健身器械，在青少年身体素质提升锻炼中具有独特的运用优势。但青少年练习者仍须了解进行壶铃训练时的一些注意事项，且最好在有家长、老师、教练或同伴从旁保护的情况下进行训练。

2.1 壶铃的来源与发展

壶铃起源于18世纪初的俄罗斯，以"girya"一词指代，指的是一种铸铁制成的称重工具。与更为传统的哑铃和杠铃不同，壶铃的质量中心在把手区域以外，这种设计允许练习者进行爆发式的或快速的甩摆运动。这种运动作用于身体的整个肌肉系统，能够同时锻炼心肺功能、力量和柔韧性。

1913年，美国畅销健身杂志《大力士》刊登了一篇关于壶铃的文章，大大提高了壶铃作为一种强大的减肥工具在大众心目中的认可度。到20世纪40年代，壶铃运动已经得到了较高程度的普及。奥林匹克运动员、力量举运动员和军人都从壶铃运动中受益匪浅。20世纪60年代，壶铃运动被引入校园。1985年，壶铃运动正式成为一项具有竞赛规则的正规体育运动。如今，壶铃被世界各地的人们使用，覆盖竞技体育训练、一般性健身等领域。

2.2 壶铃训练的优势

（1）成本低，耐用性好。壶铃的性价比较高，练习者可以利用重量、尺寸不等的壶铃，满足多样的训练目标。壶铃大多是铸铁材质的，或者里面使用铸铁，外部包胶，整体非常坚固，耐用性很强。

（2）携带方便，场地自由。壶铃携带方便，使用其进行训练几乎不受场地、空间的限制，在室内、室外均可以进行，比如家里、办公室、校园、公园。只要练习者愿意，哪里都是训练场地。

（3）募集更多的肌肉，产生更多的力量。壶铃是一种上下非对称的训练器械，训练时其重心容易发生偏离而不受控制，此时练习者为了保持身体稳定，顺利完成动作，神经肌肉系统会主动募集更多的肌群来协助练习。另外，壶铃训练中有许多单侧支撑的、过顶的动作，这些动作都加大了对练习者躯干稳定性和抗旋转能力的挑战，从而使机体产生更多的力量。

（4）增加运动幅度和范围，改善柔韧性与灵活性。壶铃的设计独特，重心的位置在把手之外，不像哑铃，重心的位置在把手中。因此，即便是最基础的入门动作，也需要练习者在更大的运动范围内进行，这大大增加了对练习者柔韧性和灵活性的要求。例如，练习者无法在双腿之间用杠铃完成甩摆的动作，却可以用壶铃完成。这种摆动大幅地增加了髋关节的运动范围，同时有助于提升髋部的柔韧性与灵活性。

2.3　壶铃的类型与选择

　　常见的壶铃有两种：铸铁材质的经典壶铃（或健身壶铃）和钢制的竞赛壶铃（或运动壶铃）。这是根据它们的常见用途来命名的，但是竞赛壶铃也可用于健身，而经典壶铃也可用于竞赛。

　　壶铃的重量通常为1~90千克。练习者可以根据自身的情况，比如训练水平、身材等，来决定所要使用的壶铃。除了重量以外，在选择壶铃时还要注意把手的粗细，太粗的把手不易抓握，训练中容易失控造成损伤，太细的把手也会带来一定的安全风险。把手到球体之间的距离也是一个重要的考虑因素。如果空间太小，手会很难或无法完全握住把手，那么就不能完成高翻、抓紧等训练动作。如果空间过大，手与壶铃就不能紧密贴合，需要前臂来稳定，这样手的控制力会不够，而且动作的稳定性也会下降。因此练习者要选择把手与球体的间距合适的壶铃。

2.4 壶铃训练在青少年身体素质提升锻炼中的运用优势

（1）首先，壶铃训练非常全面实用。青少年由于学业等因素，训练时间有限，不能像运动员那样能分板块、分类别地进行系统性训练。而壶铃训练锻炼的不是力量或心肺功能等单一运动素质，而是将力量训练、心肺功能训练、核心稳定性训练、协调性训练及动态灵活性训练完美地融入到一种高强度的训练中，能够在提升力量和爆发力的同时提高柔韧性与关节活动度、减少脂肪并增加肌肉量。这使青少年不用花费大量的时间奔波于重量训练、有氧训练和拉伸训练之间，充分节省了训练时间，并能够达到很好的训练效果。

（2）青少年时期是个体身体素质发展的关键期，同时也是打基础的阶段，身体的各个部位、各项素质都应全面发展。作为一种体能训练工具，壶铃用途非常广泛。做壶铃甩摆动作时，产生的离心负荷能有效锻炼髋关节的屈伸能力，这可以为做好跑步、跳跃、深蹲等技术动作打下坚实的基础。壶铃的偏心特性使其训练动作能够最大限度地强化肩关节力量并提升肩关节柔韧性。圆形的把手和动态的运动模式非常有助于锻炼前臂、手掌、手指。特殊的形状使其能够为背部提供各种角度的训练。以上这些效果，无论是哑铃，还是杠铃，都无法实现。

（3）相对来说，壶铃训练的基础动作比较容易，而进阶动作多样，这不仅有利于青少年轻松地掌握动作技能，让他们变得更有信心，还能够帮助他们循序渐进地提升自己的身体素质。壶铃的特殊外形使其训练动作更容易设计，更具有趣味性，能够吸引青少年的注意力，提升他们参加训练的意愿和主动性。

（4）壶铃训练中的许多动作与生活中的动作很相似，例如，手握壶铃行走就好像我们在搬运行李箱。壶铃训练可以使青少年正确地掌握动作的发力顺序和发力部位。此外壶铃的偏心特性使得训练中需要更多的核心肌群参与，这有助于改善青少年生活中的不良动作模式，降低受伤的风险。

2.5　壶铃训练的注意事项

（1）确保足够的训练空间，地面不要放置障碍物，远离墙壁、镜子及其他任何因壶铃失控而可能打坏的物品。如果在室内，最好在橡胶地板上训练，这样不会因壶铃脱落而损坏地面。如果在户外，避免在过顶摆举期间直视太阳。

（2）如果在训练过程中失去对壶铃的控制，务必迅速远离壶铃。在进行甩摆、高翻或抓举等重复次数较多的动作时使用防滑粉，可以有效地防止壶铃掉落或从手中滑出，保证训练的安全性。

（3）进行壶铃训练时要高度集中注意力。只有将壶铃放在地面上，训练才算结束。不要随意地扔掉壶铃，这样可能导致背部拉伤。

（4）如果在训练初期壶铃造成了手腕疼痛，可以戴上腕带缓冲壶铃的冲击。随着练习者对动作技术的熟练度逐渐提高，就不会再弄伤前臂或手腕了。

（5）在进行壶铃训练时，应尽量选择硬底鞋，至少是平底鞋。跑鞋底部过于松软，无法提供足够坚实的借力基础，因此不适合在进行壶铃训练的时候穿。此外，不要穿着宽松的短裤，因为在甩摆、高翻或抓举等练习中，回摆壶铃时拇指有可能被夹在裤子中。

（6）青少年可以选择有包胶的壶铃，这是因为相对于全铸铁的壶铃，包胶壶铃更为安全，可以降低意外受伤的风险。

CHAPTER

03

第
3
章

动作练习

青少年练习者可利用药球和壶铃对不同身体部位进行不同功能的锻炼。明确每个动作练习的训练部位和训练目标，掌握动作要点和注意事项，是青少年练习者获得理想锻炼效果的基础和保障。

药球篇

3.1 力量训练

3.1.1 上肢 / 平衡稳定

药球 - 平板支撑

训练部位　**上肢、核心**

主要肌肉　**胸部肌肉、核心肌群、肱三头肌、三角肌**

训练板块　**力量练习、耐力练习**

训练目标　**力量、平衡、稳定**

动作要点

采用俯卧撑准备姿势，双手撑于药球上，双脚撑于地面。双臂伸直，背部挺直。全程静力支撑，核心收紧，保持规定的时间。

药球篇

壶铃篇

药球 - 单球交替俯卧撑

训练部位　　上肢、核心

主要肌肉　　胸部肌肉、核心肌群、肱三头肌、三角肌

训练板块　　力量练习

训练目标　　力量、平衡、稳定

动作要点

1 采用俯卧撑准备姿势，右手撑于药球上，左手和双脚撑于地面。双臂分开，略宽于肩，背部挺直。

2 身体下降至撑地手臂的肘部屈曲 90 度。

3 快速地向上推起身体，回到起始姿势。

4 换左手撑于药球上，右手和双脚撑于地面，双臂仍保持分开，略宽于肩。重复要点 2 和要点 3。

5

6

↻ 左右交替重复规定的次数。

药球篇

壶铃篇

药球 - 平板支撑交替抬腿

1

2

3

4

训练部位	**上肢、核心**
主要肌肉	**胸部肌肉、核心肌群、肱三头肌、三角肌**
训练板块	**力量练习、核心稳定性练习**
训练目标	**力量、平衡、稳定**

药球篇

动作要点

1 采用俯卧撑准备姿势，双手撑于药球上，双脚撑于地面。双臂伸直，背部挺直。

2 右腿抬起，左脚撑地。全程静力支撑，核心收紧，保持规定的时间。

3 右腿缓慢地放下，回到起始姿势。

4 左腿抬起，右脚撑地。按要点2进行静力支撑。

○ 左右交替重复规定的次数。

壶铃篇

药球 - 单球脚撑俯卧撑

训练部位	**上肢、核心**
主要肌肉	**胸部肌肉、核心肌群、肱三头肌、三角肌**
训练板块	**力量练习**
训练目标	**力量、平衡、稳定**

动作要点

1 采用俯卧撑准备姿势，双手撑于地面，双脚撑于药球上。双臂伸直，背部挺直。

2 身体下降至双肘屈曲 90 度。

↻ 快速地向上推起身体，回到起始姿势。重复规定的次数。

1

2

3.1.2 下肢

药球 - 深蹲

训练部位　**下肢**

主要肌肉　**臀大肌、股四头肌、腘绳肌**

训练板块　**力量练习**

训练目标　**力量、爆发力、稳定**

①　**②**

动作要点

1 直立，双脚分开，与肩同宽。手持药球于胸前，双臂伸直。

2 屈髋屈膝，向下深蹲。保持背部挺直，手臂姿势不变。

↻ 伸髋伸膝，向上回到起始姿势。重复规定的次数。

药球篇

壶铃篇

药球 - 椅式深蹲

训练部位　**下肢**

主要肌肉　**臀大肌、股四头肌、腘绳肌**

训练板块　**力量练习**

训练目标　**力量、爆发力、稳定**

动作要点

1 直立于训练椅前，双脚分开，与肩同宽。手持药球于胸前，双肘屈曲。

2 屈髋屈膝，向下深蹲至臀部刚刚触及训练椅。保持背部挺直，手臂姿势不变。

伸髋伸膝，快速地向上回到起始姿势。重复规定的次数。

药球 - 平板支撑 - 内收肌挤压

训练部位　**下肢**

主要肌肉　**臀大肌、核心肌群、内收肌**

训练板块　**力量练习、耐力练习**

训练目标　**力量、稳定**

动作要点

采用俯卧撑准备姿势，双手、双脚均撑于地面，将药球置于两侧大腿之间。双腿尽力挤压药球，保持规定的时间。

药球篇

壶铃篇

药球 - 双侧交替侧弓步

1　　2　　3

训练部位	**下肢**
主要肌肉	**臀大肌、股四头肌、腘绳肌、内收肌、腓肠肌、比目鱼肌**
训练板块	**力量练习**
训练目标	**力量、平衡、稳定**

动作要点

1 直立，双脚分开。手持药球于胸前，双肘屈曲。

2 **3** 右腿屈膝下蹲，左腿伸直，呈右侧弓步，保持背部挺直，核心收紧，手臂姿势不变。随后右脚蹬地，回到起始姿势。

4 **5** 左腿屈膝下蹲，右腿伸直，呈左侧弓步，然后回到起始姿势。

↻ 左右交替重复规定的次数。

药球篇

壶铃篇

3.1.3　核心

药球 - 标准仰卧起坐

训练部位　**核心**

主要肌肉　**腹直肌、腰方肌**

训练板块　**力量练习**

训练目标　**力量、核心、稳定**

动作要点

1 仰卧于垫上，双膝屈曲 90 度。手持药球于头顶，双臂伸直。

2 **3** 利用腹肌的力量缓慢地拉起上半身，胸部向膝盖靠近。保持腹部收紧，手臂姿势不变。当上半身直立时，稍作停顿。

↻ 缓慢地回到起始姿势。重复规定的次数。

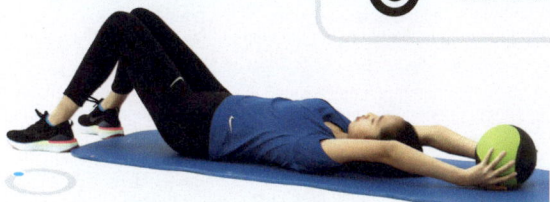

药球篇

壶铃篇

药球 - 仰卧起坐过顶推举

训练部位　**核心**

主要肌肉　**腹直肌、三角肌**

训练板块　**力量练习**

训练目标　**力量、核心、稳定**

1

2

动作要点

1 仰卧于垫上，双腿伸直。手持药球于胸前，双肘屈曲。

2 利用腹肌的力量缓慢地拉起上半身，同时向上推举药球至双臂伸直。保持腹部收紧。当上半身直立时，稍作停顿。

↻ 缓慢地回到起始姿势。重复规定的次数。

药球篇

壶铃篇

药球 - 仰卧两头起 - 球碰脚尖

1

2

3

训练部位　**核心**

主要肌肉　**腹直肌、竖脊肌**

训练板块　**力量练习**

训练目标　**力量、核心、稳定**

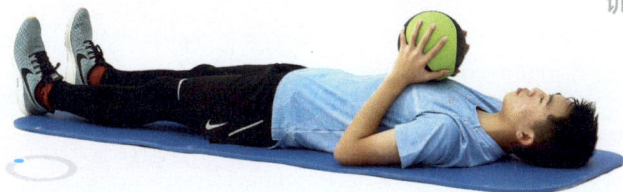

药球篇

动作要点

1 仰卧于垫上，双腿伸直。手持药球于胸前，双肘屈曲。

2 抬起双腿，利用腹肌的力量缓慢地拉起上背部，同时双臂向上推举，保持腹部收紧。

3 将上背部拉至完全离开地面，同时双臂向上推举至药球触碰脚尖。

↻ 保持腿部抬高，重复规定的次数。

壶铃篇

3.2 爆发力训练

3.2.1 下肢跳跃

药球 - 深蹲跳

训练部位	下肢
主要肌肉	臀大肌、股四头肌、腘绳肌
训练板块	爆发力练习
训练目标	力量、爆发力

向下深蹲

动作要点

1. 直立，双脚分开，与肩同宽。手持药球于胸前，双肘屈曲且双臂交叠。

2. 屈髋屈膝，向下深蹲至大腿与地面平行。随后快速地伸髋伸膝，向上跳起。

3. 保持背部挺直，手臂姿势不变。

4. 落地时屈髋屈膝。随后回到起始姿势。

⟳ 重复规定的次数。

药球 - 双侧交替弓步跳

训练部位　下肢

主要肌肉　臀大肌、股四头肌、腘绳肌、内收肌、腓肠肌、比目鱼肌

训练板块　爆发力练习、快速伸缩复合练习

训练目标　力量、爆发力

1

2

药球篇

3

壶铃篇

动作要点

1 前后分腿站立，双膝屈曲90度，左脚在前。手持药球于胸前，双肘屈曲。

2 持球上摆，同时向上跳跃，在空中交换双腿位置。

3 落地，前后分腿站立，双膝屈曲90度，右脚在前。

↻ 左右交替重复规定的次数。

3.2.2   胸前抛接

药球 - 仰卧起坐 - 胸前抛接球

训练部位　核心、胸部

主要肌肉　核心肌群、三角肌、胸
　　　　　大肌、肱二头肌

训练板块　爆发力练习

训练目标　爆发力、核心稳定

1

2

3

动作要点

1 练习者坐于垫上，臀部和双脚着地。双膝屈曲，双脚分开，脚尖朝前。双肘屈曲，双手呈接球姿势于胸前，做好接球准备。同伴面向练习者直立，手持药球于胸前，做好抛球准备。

2 同伴向练习者抛球，练习者双手接球，随后上半身后仰缓冲。

3 练习者背部靠近地面时，手持药球稳定于胸前。

4 利用腹肌的力量拉起上半身，同时双手尽可能快速地推球给同伴。

5 同伴双手接球，回到起始姿势。重复规定的次数。

药球篇

壶铃篇

5

4

药球 - 仰卧起坐 - 过顶抛接球

训练部位	核心、上肢
主要肌肉	核心肌群、三角肌、肱二头肌
训练板块	爆发力练习、快速伸缩复合练习
训练目标	爆发力、核心稳定

动作要点

1 练习者坐于垫上，臀部和双脚着地。双膝屈曲，双脚分开，脚尖朝前。双肘微屈，双手呈接球姿势于头部前方，做好接球准备。同伴面向练习者直立，手持药球于胸前，做好抛球准备。

2 同伴向练习者抛球，练习者双手接球，随后上半身后仰缓冲。

3 练习者背部靠近地面时，手持药球稳定于头顶偏后的位置。

4 利用腹肌的力量拉起上半身，同时双手尽可能快速地推球给同伴。

5 同伴双手接球，回到起始姿势。重复规定的次数。

药球篇

壶铃篇

3.2.3 旋转抛接

药球 - 俄罗斯旋转

训练部位 核心
主要肌肉 腹直肌、腹外斜肌、腹内斜肌
训练板块 爆发力练习、核心练习
训练目标 力量、爆发力
注意事项 双肩带动手臂，腿部保持稳定

动作要点

1 坐于垫上，臀部着地。双膝屈曲，双脚离地。手持药球于胸前，双肘屈曲。

2 利用腹肌的力量转动上半身，双肩带动双臂移动，将药球移至髋部左侧，随后移至髋部右侧。全程保持下背部挺直。

3

↻ 重复规定的次数。

药球 - 俄罗斯旋转 - 垂直旋转
抛接球 - 双脚支撑

1

2

训练部位　**核心、上肢**

主要肌肉　**腹内斜肌、腹外斜肌、
　　　　　腹直肌**

训练板块　**爆发力练习、快速伸缩
　　　　　复合练习**

训练目标　**爆发力、核心稳定**

药球篇

❸

❹

动作要点

1 练习者坐于垫上，臀部和双脚着地。双膝屈曲，双脚分开，脚跟着地。上半身微微转向同伴，双肘屈曲，双手呈接球姿势于胸部左前方，做好接球准备。同伴面向练习者直立，手持药球于胸前，做好抛球准备。

2 同伴向练习者抛球，练习者双手接球，随后上半身转向右侧，同时手持药球移至髋部右侧。

3 上半身迅速向身体左侧旋转，同时双手抛球给同伴。

4 同伴双手接球，回到起始姿势。

↻ 重复规定的次数，对侧亦然。

壶铃篇

药球 - 俄罗斯旋转 - 垂直旋转
抛接球 - 双脚离地

1

2

训练部位　**核心、上肢**

主要肌肉　**腹内斜肌、腹外斜肌、腹直肌**

训练板块　**爆发力练习、快速伸缩复合练习**

训练目标　**爆发力、核心稳定**

③

④

动作要点

1 练习者坐于垫上，臀部着地。双膝屈曲，双脚离地。上半身微微转向同伴，双肘屈曲，双手呈接球姿势于胸部左前方，做好接球准备。同伴面向练习者直立，手持药球于胸前，做好抛球准备。

2 同伴向练习者抛球，练习者双手接球，随后上半身转向右侧，同时手持药球移至髋部右侧。

3 上半身迅速向身体左侧旋转，同时双手抛球给同伴。

4 同伴双手接球，回到起始姿势。

⟳ 重复规定的次数，对侧亦然。

药球篇

壶铃篇

3.2.4 提拉劈砍

药球 - 站姿 - 旋转推举 - 对角线

①

②

训练部位　**核心、上肢**

主要肌肉　**核心肌群、三角肌、肱二头肌、肱三头肌**

训练板块　**爆发力练习、核心练习**

训练目标　**力量、爆发力、核心稳定**

药球篇

动作要点

1 直立,双脚分开。手持药球于胸前,双肘屈曲。

2 屈髋屈膝,向左侧转体,重心移至左脚,同时将药球移至左膝的左侧。

3 伸髋伸膝,向右侧转体,重心移至左脚,同时将药球举至头顶的右上方。

↻ 回到起始姿势。重复规定的次数,对侧亦然。

3

壶铃篇

药球 - 站姿 - 侧向下砍

训练部位	核心、上肢
主要肌肉	核心肌群、髋部肌群、肱二头肌、肱三头肌
训练板块	爆发力练习、核心练习
训练目标	力量、爆发力、核心稳定

动作要点

1 直立，双脚分开。手持药球于腹部前方，双肘屈曲。

2 将药球移至头顶的左上方，随后屈髋屈膝，向右侧转体，脚尖随即指

3 向右侧，同时尽可能快速地将药球砸向身体前方的地面。

4

↻ 双手持球回到起始姿势。重复规定的次数。

3.2.5 胸前推球

药球 - 跪姿 - 胸前推球

训练部位　**核心、胸部**

主要肌肉　**核心肌群、胸部肌肉**

训练板块　**爆发力练习、快速伸缩复合练习**

训练目标　**力量、爆发力、核心稳定**

①

②

药球篇

壶铃篇

动作要点

1 双膝跪于垫上，上半身与大腿垂直于地面。手持药球于胸前，双肘屈曲。

2 尽可能快速地将药球向前推出。

↻ 回到起始姿势。重复规定的次数。

药球 - 半跪姿 - 胸前推球

训练部位　**核心、胸部**

主要肌肉　**核心肌群、胸部肌肉**

训练板块　**爆发力练习、快速伸缩复合练习**

训练目标　**力量、爆发力、核心稳定**

1

动作要点

1　双膝屈曲90度，左脚在前，右膝跪于垫上。手持药球于胸前，双肘屈曲。

2　尽可能快速地将药球向前推出。

↻　回到起始姿势。重复规定的次数。对侧亦然。

2

药球 - 分腿姿 - 胸前推球

训练部位　**核心、胸部**

主要肌肉　**核心肌群、胸部肌肉**

训练板块　**爆发力练习、快速伸缩复合练习**

训练目标　**力量、爆发力、核心稳定**

1

动作要点

1 采用弓步姿势，左脚在前。手持药球于胸前，双肘屈曲。

2 尽可能快速地将药球向前推出。

↻ 回到起始姿势。重复规定的次数。对侧亦然。

药球篇

2

壶铃篇

药球 - 站姿 - 胸前推球

训练部位	**核心、胸部**
主要肌肉	**核心肌群、胸部肌肉**
训练板块	**爆发力练习、快速伸缩复合练习**
训练目标	**力量、爆发力、核心稳定**

1

动作要点

1 直立，双脚分开。手持药球于胸前，双肘屈曲。

↓

2 尽可能快速地将药球向前推出。

↓

↻ 回到起始姿势。重复规定的次数。

2

药球 - 基本姿 - 胸前推球

训练部位	**核心、胸部**
主要肌肉	**核心肌群、胸部肌肉**
训练板块	**爆发力练习、快速伸缩复合练习**
训练目标	**力量、爆发力、核心稳定**

1

动作要点

1 半蹲，双脚分开。手持药球于胸前，双肘屈曲。

2 尽可能快速地将药球向前推出。

↻ 回到起始姿势。重复规定的次数。

2

药球篇

壶铃篇

药球 - 单腿军步 - 胸前推球

训练部位	核心、胸部、下肢
主要肌肉	核心肌群、胸部肌肉、髋部肌群、股四头肌、腘绳肌
训练板块	爆发力练习、快速伸缩复合练习
训练目标	力量、爆发力、核心稳定

1

2

动作要点

1 左腿伸直撑地，右膝屈曲90度，抬至大腿与地面平行。手持药球于胸前，双肘屈曲。

2 尽可能快速地将药球向前推出。

↻ 回到起始姿势。重复规定的次数。对侧亦然。

3.2.6 过顶扔球

药球 - 跪姿 - 过顶扔球

训练部位 核心、上肢、下肢

主要肌肉 核心肌群、三角肌、肱二头肌、肱三头肌、髋部肌群、股四头肌、腘绳肌

训练板块 爆发力练习、快速伸缩复合练习

训练目标 力量、爆发力、核心稳定

动作要点

1 双膝跪于垫上，上半身与大腿垂直于地面。手持药球于头顶后方，双肘微屈。

2 将药球移至头部后方，随后尽可能快速地将药球向前扔出。

3

↻ 回到起始姿势。重复规定的次数。

药球篇

壶铃篇

药球 - 半跪姿 - 过顶扔球

训练部位	**核心、上肢、下肢**
主要肌肉	**核心肌群、三角肌、肱二头肌、肱三头肌、髋部肌群、股四头肌、腘绳肌**
训练板块	**爆发力练习、快速伸缩复合练习**
训练目标	**力量、爆发力、核心稳定**

动作要点

1 双膝屈曲90度，左脚在前，右膝跪于垫上。手持药球于头顶后方，双肘微屈。

2
3 将药球移至头部后方，随后尽可能快速地将药球向前扔出。

↻ 回到起始姿势。重复规定的次数。

药球 - 分腿姿 - 过顶扔球

训练部位	**核心、上肢、下肢**
主要肌肉	**核心肌群、三角肌、肱二头肌、肱三头肌、髋部肌群、股四头肌、腘绳肌**
训练板块	**爆发力练习、快速伸缩复合练习**
训练目标	**力量、爆发力、核心稳定**

1

动作要点

1 采用弓步姿势，右脚在前。手持药球于头顶，双肘微屈。

2 将药球移至头部后方，随后尽可能

3 快速地将药球向前扔出。

↻ 回到起始姿势。重复规定的次数。

药球篇

2

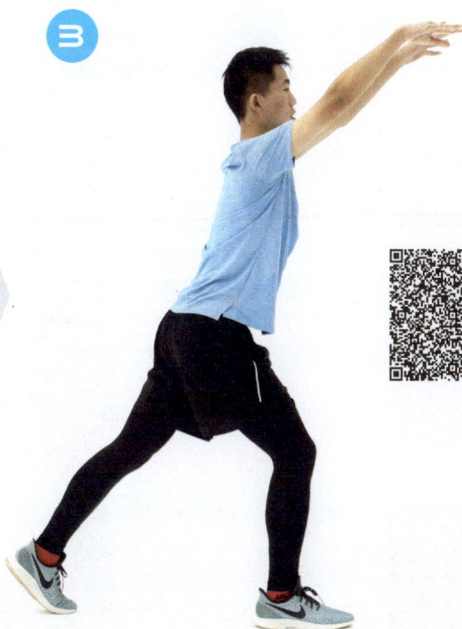

3

壶铃篇

药球 - 站姿 - 过顶扔球

训练部位	**核心、上肢、下肢**
主要肌肉	**核心肌群、三角肌、肱二头肌、肱三头肌、髋部肌群、股四头肌、腘绳肌**
训练板块	**爆发力练习、快速伸缩复合练习**
训练目标	**力量、爆发力、核心稳定**

动作要点

1 直立，双脚分开。手持药球于头顶前方，双肘微屈。

2
3 将药球移至头部后方，随后尽可能快速地将药球向前扔出。

↻ 回到起始姿势。重复规定的次数。

药球 - 基本姿 - 过顶扔球

训练部位	**核心、上肢、下肢**
主要肌肉	**核心肌群、三角肌、肱二头肌、肱三头肌、髋部肌群、股四头肌、腘绳肌**
训练板块	**爆发力练习、快速伸缩复合练习**
训练目标	**力量、爆发力、核心稳定**

动作要点

1 半蹲，双脚分开。手持药球于头顶，双肘微屈。

2 将药球移至头部后方，随后尽可能快速地将药球向前扔出。

↻ 回到起始姿势。重复规定的次数。

药球篇

壶铃篇

3.2.7　平行旋转扔球

药球 - 跪姿 - 平行旋转扔球

训练部位	核心、上肢、下肢
主要肌肉	核心肌群、三角肌、肱二头肌、肱三头肌、股四头肌、腘绳肌
训练板块	爆发力练习、快速伸缩复合练习
训练目标	力量、爆发力、核心稳定

动作要点

1 双膝跪于垫上，臀部与脚跟接触。手持药球于腹部前方，双肘屈曲。

2 上半身向右侧旋转，同时双手持球移至腰部右侧。

3 髋部发力，带动上半身转回至朝向前方，同时起身至大腿与地面垂直，双手尽可能快速地将药球向前扔出。

↻ 回到起始姿势。重复规定的次数。对侧亦然。

药球 - 半跪姿 - 平行旋转扔球

训练部位　核心、上肢、下肢

主要肌肉　核心肌群、三角肌、肱二头肌、肱三头肌、股四头肌、腘绳肌

训练板块　爆发力练习、快速伸缩复合练习

训练目标　力量、爆发力、核心稳定

动作要点

1 双膝屈曲90度，左脚在前，右膝跪于垫上。手持药球于腹部前方，双肘屈曲。

2 上半身向右侧旋转，同时重心后移，右侧大腿和小腿夹角减小，双手持球移至髋部右侧。

3 髋部发力，带动上半身转回至朝向前方，同时起身至右侧大腿与地面垂直，双手尽可能快速地将药球向前扔出。

⟳ 回到起始姿势。重复规定的次数。对侧亦然。

药球篇

壶铃篇

药球 - 分腿姿 - 平行旋转扔球

训练部位	**核心、上肢、下肢**
主要肌肉	**核心肌群、三角肌、肱二头肌、肱三头肌、股四头肌、腘绳肌**
训练板块	**爆发力练习、快速伸缩复合练习**
训练目标	**力量、爆发力、核心稳定**

①

动作要点

1 采用弓步姿势，右脚在前。手持药球于腹部前方，双肘屈曲。

2 上半身向右侧旋转，同时双手持球移至腰部右侧。

3 髋部发力，带动上半身转回至朝向前方，同时上半身前倾，双手尽可能快速地将药球向前扔出。

↻ 回到起始姿势。重复规定的次数。对侧亦然。

②

③

药球 - 基本姿 - 平行旋转扔球

训练部位	**核心、上肢、下肢**
主要肌肉	**核心肌群、三角肌、肱二头肌、肱三头肌、股四头肌、腘绳肌**
训练板块	**爆发力练习、快速伸缩复合练习**
训练目标	**力量、爆发力、核心稳定**

动作要点

1 半蹲，双脚分开。手持药球于腹部前方，双肘屈曲。

2 上半身向右侧旋转，同时双手持球移至腰部右侧。

3 髋部发力，带动上半身转回至朝向前方，同时双手尽可能快速地将药球向前扔出。

↻ 回到起始姿势。重复规定的次数。对侧亦然。

药球篇

壶铃篇

药球 - 单腿军步 - 平行旋转扔球

训练部位　**核心、上肢、下肢**

主要肌肉　**核心肌群、三角肌、肱二头肌、肱三头肌、股四头肌、腘绳肌**

训练板块　**爆发力练习、快速伸缩复合练习**

训练目标　**力量、爆发力、核心稳定**

动作要点

1 左腿伸直撑地，右脚抬至大腿与地面平行。手持药球于腹部前方，双肘屈曲。

2 上半身向右侧旋转，同时左腿屈曲，双手持球移至髋部右侧。

3 髋部发力，带动上半身转回至朝向前方，同时左腿伸直，右腿后摆，上半身前倾，双手尽可能快速地将药球向前扔出。

↻ 回到起始姿势。重复规定的次数。对侧亦然。

3.2.8 垂直旋转扔球

药球 - 跪姿 - 垂直旋转扔球

训练部位	**核心、上肢**
主要肌肉	**核心肌群、三角肌、肱二头肌、肱三头肌**
训练板块	**爆发力练习、快速伸缩复合练习**
训练目标	**力量、爆发力、核心稳定**

动作要点

1. 双膝跪于垫上。手持药球于腹部前方，双肘屈曲。

2. 上半身向右侧旋转，同时双手持球移至腰部右侧。

3. 髋部发力，带动上半身向左侧旋转，同时双手尽可能快速地将药球向左侧扔出。

↻ 回到起始姿势。重复规定的次数。对侧亦然。

药球篇

壶铃篇

药球 - 半跪姿 - 垂直旋转扔球

训练部位	**核心、上肢**
主要肌肉	**核心肌群、三角肌、肱二头肌、肱三头肌**
训练板块	**爆发力练习、快速伸缩复合练习**
训练目标	**力量、爆发力、核心稳定**

①

动作要点

1 双膝屈曲 90 度，右脚在前，左膝跪于垫上。手持药球于腹部前方，双肘屈曲。

2 上半身向右侧旋转，同时双手持球移至髋部右侧。

3 髋部发力，带动上半身向左侧旋转，双手尽可能快速地将药球向左侧扔出。

↻ 回到起始姿势。重复规定的次数。对侧亦然。

②

③

药球 - 分腿姿 - 垂直旋转扔球 - 对侧

训练部位	**核心、上肢**
主要肌肉	**核心肌群、三角肌、肱二头肌、肱三头肌**
训练板块	**爆发力练习、快速伸缩复合练习**
训练目标	**力量、爆发力、核心稳定**

① 动作要点

1 采用弓步姿势，左脚在前。手持药球于腹部前方，双肘屈曲。

2 上半身向右侧旋转，同时右膝屈曲，双手持球移至腰部右侧。

3 髋部发力，带动上半身向左侧旋转，同时双手尽可能快速地将药球向左侧扔出。

↻ 回到起始姿势。重复规定的次数。对侧亦然。

药球篇

壶铃篇

药球 - 分腿姿 - 垂直旋转 扔球 - 同侧

训练部位　**核心、上肢**

主要肌肉　**核心肌群、三角肌、肱二头肌、肱三头肌**

训练板块　**爆发力练习、快速伸缩复合练习**

训练目标　**力量、爆发力、核心稳定**

动作要点

1 采用弓步姿势，右脚在前。手持药球于腹部前方，双肘屈曲。

2 上半身向右侧旋转，同时右膝屈曲，双手持球移至腰部右侧。

3 髋部发力，带动上半身向左侧旋转，同时双手尽可能快速地将药球向左侧扔出。

↻ 回到起始姿势。重复规定的次数。对侧亦然。

药球 - 基本姿 - 垂直旋转扔球

训练部位	核心、上肢
主要肌肉	核心肌群、三角肌、肱二头肌、肱三头肌
训练板块	爆发力练习、快速伸缩复合练习
训练目标	力量、爆发力、核心稳定

动作要点

1 半蹲，双脚分开。手持药球于腹部前方，双肘屈曲。

2 上半身向右侧旋转，同时双手持球移至腰部右侧。

3 髋部发力，带动上半身向左侧旋转，同时双手尽可能快速地将药球向左侧扔出。

↻ 回到起始姿势。重复规定的次数。对侧亦然。

药球篇

壶铃篇

3.2.9　过顶砸球

药球 - 跪姿 - 过顶砸球

训练部位	核心、上肢
主要肌肉	核心肌群、三角肌、肱二头肌、肱三头肌
训练板块	爆发力练习、快速伸缩复合练习
训练目标	力量、爆发力、核心稳定

1

2

3

动作要点

1 双膝跪于垫上。手持药球于腹部前方，双肘屈曲。

2 快速地将药球经头顶移至头部后方，同时身体微微后斜。

3 髋部发力，带动上半身前倾，同时双手尽可能快速地将药球砸向身体前方的地面。

4 双手持球，回到起始姿势。注意动作连贯。重复规定的次数。

4

药球 - 基本姿 - 过顶砸球

训练部位　**核心、上肢**

主要肌肉　**核心肌群、三角肌、肱二头肌、肱三头肌**

训练板块　**爆发力练习、快速伸缩复合练习**

训练目标　**力量、爆发力、核心稳定**

药球篇

壶铃篇

动作要点

1 半蹲，双脚分开。手持药球于腹部前方，双肘屈曲。

2 快速地将药球经头顶移至头部后方。

3 髋部发力，带动上半身前倾，同时双手尽可能快速地将药球砸向身体前方的地面。

4

↻ 双手持球，回到起始姿势。注意动作连贯。重复规定的次数。

药球 - 跪姿 - 旋转过顶砸球

训练部位　**核心、上肢**

主要肌肉　**核心肌群、三角肌、肱二头肌、肱三头肌**

训练板块　**爆发力练习、快速伸缩复合练习**

训练目标　**力量、爆发力、核心稳定**

动作要点

1 双膝跪于垫上。手持药球于腹部前方，双肘屈曲。

2
3 髋部和躯干发力，上半身先向左侧旋转，再向右侧旋转，同时双手持球快速地向左上方移动，再向右上方移至头顶。

4 利用腹部和上背部肌肉的力量，双手尽可能快速地将药球砸向身体右侧的地面。

↻ 回到起始姿势。注意动作的连贯性。重复规定的次数。

药球 - 半跪姿 - 旋转过顶砸球

训练部位	**核心、上肢**
主要肌肉	**核心肌群、三角肌、肱二头肌、肱三头肌**
训练板块	**爆发力练习、快速伸缩复合练习**
训练目标	**力量、爆发力、核心稳定**

药球篇

动作要点

1 双膝屈曲90度，右脚在前，左膝跪于垫上。手持药球于腹部前方，双肘屈曲。

2 **3** 髋部和躯干发力，上半身先向左侧旋转，再向右侧旋转，同时双手持球快速地向左上方移动，再向右上方移至头顶。

4 利用腹部和上背部肌肉的力量，双手尽可能快速地将药球砸向身体右侧的地面。

↻ 回到起始姿势。注意动作的连贯性。重复规定的次数。对侧亦然。

壶铃篇

药球 - 分腿姿 - 旋转过顶砸球

训练部位	**核心、上肢**
主要肌肉	**核心肌群、三角肌、肱二头肌、肱三头肌**
训练板块	**爆发力练习、快速伸缩复合练习**
训练目标	**力量、爆发力、核心稳定**

动作要点

1 采用弓步姿势，右脚在前。手持药球于腹部前方，双肘屈曲。

2 **3** 髋部和躯干发力，上半身先向左侧旋转，再向右侧旋转，同时双手持球快速地向左上方移动，再向右上方移至头顶。

4 **5** 利用腹部和上背部肌肉的力量，双手尽可能快速地将药球砸向身体右侧的地面。

↺ 回到起始姿势。注意动作的连贯性。重复规定的次数。对侧亦然。

药球 - 站姿 - 旋转过顶砸球

训练部位　核心、上肢

主要肌肉　核心肌群、三角肌、肱二
　　　　　头肌、肱三头肌

训练板块　爆发力练习、快速伸缩复
　　　　　合练习

训练目标　力量、爆发力、核心稳定

动作要点

1 直立，双脚分开，与肩同宽。手
持药球于腹部前方，双肘屈曲。

2 髋部和躯干发力，上半身先向左
侧旋转，再向右侧旋转，同时双
3 手持球快速地向左上方移动，再
向右上方移至头顶。

4 利用腹部和上背部肌肉的力量，
双手尽可能快速地将药球砸向身
体右侧的地面。

↻ 回到起始姿势。注意动作的连贯
性。重复规定的次数。对侧亦然。

药球篇

壶铃篇

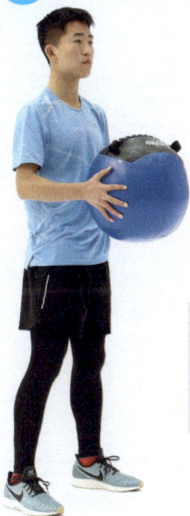

壶铃篇

3.3 上举

壶铃 - 站姿 - 过顶上举 - 单臂

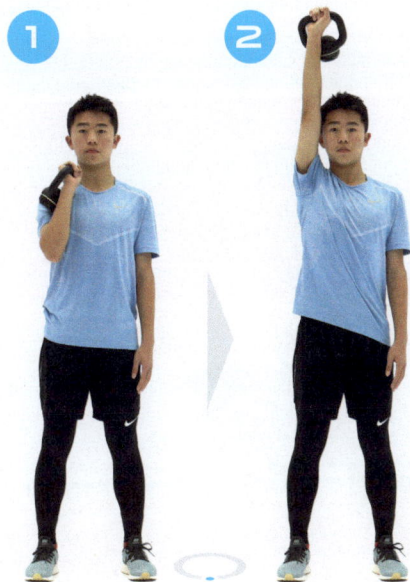

训练部位	**上肢**
主要肌肉	**三角肌、斜方肌、核心肌群、肱三头肌**
训练板块	**力量练习、稳定性练习**
训练目标	**力量、平衡**

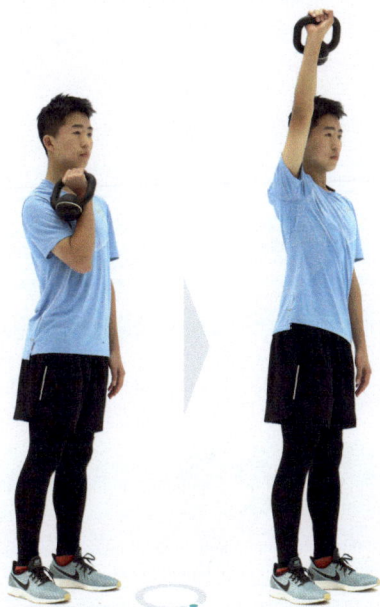

①

②

药球篇

壶铃篇

动作要点

① 直立，双脚分开，与肩同宽。右手握壶铃，右肘屈曲，将壶铃置于上臂前方，形成架式支撑姿势。左臂自然下垂。

② 将壶铃向上推举至右臂伸直。

↻ 回到起始姿势。重复规定的次数。对侧亦然。

壶铃 - 前蹲 - 过顶上举 - 单臂

①  ②

3

训练部位	**全身**
主要肌肉	**股四头肌、髋部肌群、三角肌、斜方肌、核心肌群、肱三头肌**
训练板块	**力量练习、稳定性练习、爆发力练习**
训练目标	**力量、爆发力、平衡**

药球篇

动作要点

1 直立，双脚分开。右手握壶铃，右肘屈曲，将壶铃置于上臂前方，形成架式支撑姿势。左臂侧平举。

2 向下深蹲，随后快速起身，同时将壶铃向上推举至右臂伸直。左臂始终侧平举，以保持平衡。

3 回到起始姿势。重复规定的次数。对侧亦然。

壶铃篇

壶铃 - 高位风车

训练部位　**上下肢、核心**

主要肌肉　**核心肌群、髋部肌群、三角肌、腘绳肌、肱三头肌**

训练板块　**力量练习、热身练习、稳定性练习**

训练目标　**力量、稳定、柔韧、协调、平衡**

动作要点

1 直立，双脚分开。右手握壶铃，右肘屈曲，将壶铃置于上臂前方，形成架式支撑姿势。左臂侧平举。

2 将壶铃向上推举至右臂伸直。

3 重心右移，身体前屈并向右侧旋转，左手尽可能触摸地面。双眼看向壶铃。

↻ 起身，回到要点2中的姿势。重复规定的次数。对侧亦然。

3.4 深蹲

壶铃 - 持铃深蹲

训练部位	**上下肢、臀部、核心**
主要肌肉	**股四头肌、髋部肌群、前臂肌群**
训练板块	**力量练习**
训练目标	**力量**

向下做深蹲

背部保持挺直

药球篇

动作要点

1 直立，双脚分开。双手握壶铃于胸前，铃底朝下。

2 向下深蹲，手臂姿势保持不变。

↻ 回到起始姿势。重复规定的次数。

壶铃篇

壶铃 - 单臂架式深蹲

训练部位	**下肢、核心**
主要肌肉	**股四头肌、臀部肌群、核心肌群**
训练板块	**力量练习、稳定性练习**
训练目标	**力量、平衡**

动作要点

1 直立，双脚分开，大于肩宽。右手握壶铃，右肘屈曲，将壶铃置于上臂前方，形成架式支撑姿势。左臂侧平举。

2 向下深蹲，手臂姿势保持不变。

↻ 回到起始姿势。重复规定的次数。对侧亦然。

壶铃 - 相扑深蹲

训练部位　**下肢**

主要肌肉　**股四头肌、臀部肌群**

训练板块　**力量练习**

训练目标　**力量**

药球篇

动作要点

1 直立，双脚分开。双手握壶铃于体前，双臂伸直。

2 向下深蹲，手臂姿势保持不变。

↻ 回到起始姿势。重复规定的次数。对侧亦然。

壶铃篇

3.5 硬拉

壶铃 - 单腿硬拉 - 单臂 - 同侧

训练部位	**下肢、核心**
主要肌肉	**腘绳肌、臀部肌群、核心肌群**
训练板块	**力量练习、稳定性练习**
训练目标	**力量、稳定、柔韧、协调、平衡**
注意事项	**在运动过程中核心收紧、髋关节处于中立位、背部挺直**

动作要点

1 左腿撑地，在身体前方的地面上放置一个壶铃。

2 向前俯身至右腿与上半身均平行于地面，左腿屈曲，左手握住壶铃把手。

3 起身直立，拉起壶铃。

↻ 回到起始姿势。重复规定的次数。对侧亦然。

壶铃 - 单腿硬拉 - 单臂 - 对侧

训练部位	**下肢、核心**
主要肌肉	**腘绳肌、臀部肌群、核心肌群**
训练板块	**力量练习、稳定性练习**
训练目标	**力量、稳定、柔韧、协调、平衡**

药球篇

壶铃篇

动作要点

1 左腿撑地，在身体前方的地面上放置一个壶铃。

↓

2 向前俯身至右腿与上半身均平行于地面，左腿屈曲，右手握住壶铃把手。

↓

3 起身直立，拉起壶铃。

↓

↻ 回到起始姿势。重复规定的次数。对侧亦然。

壶铃 - 行李箱硬拉 - 单臂

训练部位　**下肢、核心**

主要肌肉　**腘绳肌、臀部肌群、核心肌群**

训练板块　**力量练习、动作模式练习**

训练目标　**力量、稳定、动作模式建立、平衡**

动作要点

1 直立，双脚分开，大于肩宽。右手握壶铃于体侧，双臂伸直。

2 先屈髋，然后微屈膝，将哑铃下放至右膝的右侧。

3 全身发力，起身直立，拉起壶铃。

↻ 回到起始姿势。重复规定的次数。对侧亦然。

药球篇

壶铃篇

壶铃 - 单腿行李箱硬拉 - 同侧

训练部位	下肢、核心
主要肌肉	腘绳肌、臀部肌群、核心肌群
训练板块	力量练习、稳定性练习
训练目标	力量、稳定、平衡

1　**2**

动作要点

1 右腿撑地，右手握壶铃于体侧，双臂伸直。

2 向前俯身，将哑铃下放至右膝高度，左腿与上半身呈一条直线。

↻ 起身，拉起壶铃，回到起始姿势。重复规定的次数。对侧亦然。

壶铃 - 单腿行李箱硬拉 - 对侧

训练部位	下肢、核心
主要肌肉	腘绳肌、臀部肌群、核心肌群
训练板块	力量练习、稳定性练习
训练目标	力量、稳定、平衡

①　**②**

药球篇

动作要点

① 右腿撑地，左手握壶铃于体侧，双臂伸直。

② 向前俯身，将壶铃下放至右膝高度，左腿与上半身呈一条直线。

↻ 起身，拉起壶铃，回到起始姿势。重复规定的次数。对侧亦然。

壶铃篇

3.6 后拉

壶铃 - 分腿姿 - 单臂后拉

训练部位　**背部、下肢**

主要肌肉　**斜方肌、背阔肌、核心肌群、臀部肌群**

训练板块　**力量练习、稳定性练习**

训练目标　**力量、稳定、协调、平衡**

① ②

动作要点

1 采用弓步姿势，左脚在前，向前俯身。右手握壶铃，右臂自然下垂，壶铃位于左膝高度，左肘屈曲。

2 右肘屈曲，上拉壶铃至髋部高度，左臂自然下垂。

⟳ 回到起始姿势。重复规定的次数。对侧亦然。

壶铃 - 燕式平衡 - 对侧后拉

训练部位	**背部、下肢**
主要肌肉	**斜方肌、背阔肌、核心肌群、臀部肌群**
训练板块	**力量练习、稳定性练习**
训练目标	**力量、稳定、协调、平衡**

药球篇

壶铃篇

动作要点

1 右腿撑地，左腿与上半身均平行于地面。左手握壶铃，左臂自然下垂。

2 保持身体稳定，左肘屈曲，上拉壶铃至接近躯干的高度。

↻ 回到起始姿势。重复规定的次数。对侧亦然。

壶铃 - 燕式平衡 - 同侧后拉

训练部位 **背部、下肢**

主要肌肉 **斜方肌、背阔肌、核心肌群、臀部肌群**

训练板块 **力量练习、稳定性练习**

训练目标 **力量、稳定、协调、平衡**

1

2

动作要点

1 右腿撑地，左腿与上半身均平行于地面。右手握壶铃，右臂自然下垂。

2 保持身体稳定，右肘屈曲，上拉壶铃至接近躯干的高度。

↻ 回到起始姿势。重复规定的次数。对侧亦然。

3.7 高拉

壶铃 - 高拉 - 双臂 - 单铃

训练部位 **背部、肩部、下肢**

主要肌肉 **斜方肌、股四头肌、臀部肌群**

训练板块 **力量练习、爆发力练习**

训练目标 **力量、协调、爆发力**

动作要点

① 直立，双脚分开。双手握壶铃于体前，双臂伸直。

② 向下半蹲，随即快速地伸髋伸膝，紧接着快速地耸肩，同时双肘屈曲抬高，将壶铃高拉至锁骨前方。

③ 回到起始姿势。重复规定的次数。

壶铃 - 高拉 - 单臂

训练部位　背部、肩部、下肢

主要肌肉　斜方肌、股四头肌、臀部
肌群、核心肌群

训练板块　力量练习、爆发力练习

训练目标　力量、稳定、协调、平衡

动作要点

1 半蹲，双脚分开。右手握壶铃于右膝左侧，右臂伸直，左臂自然垂于体侧。

2 快速地伸髋伸膝，紧接着快速地耸右肩，同时右肘抬高，将壶铃高拉至锁骨前方。

↻ 回到起始姿势。重复规定的次数。

1

2

3.8 挺举

壶铃 - 挺举 - 单臂

训练部位	**全身**
主要肌肉	**臀部肌群、股四头肌、三角肌、斜方肌、肱三头肌、核心肌群**
训练板块	**力量练习、爆发力练习**
训练目标	**力量、爆发力、协调、平衡**

药球篇

动作要点

1. 直立，双脚分开。右手握壶铃，右肘屈曲，将壶铃置于上臂前方，形成架式支撑姿势。左臂侧平举。

2. 向下半蹲，随即快速地伸髋伸膝，上
3. 推壶铃至右臂伸直。

↻ 回到起始姿势。重复规定的次数。对侧亦然。

壶铃篇

3.9　抓举

壶铃 - 硬拉抓举 - 单臂

训练部位　**全身**

主要肌肉　**臀部肌群、腘绳肌、股四头肌、小腿三头肌、斜方肌、核心肌群**

训练板块　**力量练习、爆发力练习**

训练目标　**力量、爆发力、协调、平衡**

动作要点

1 直立，双脚分开。右手握壶铃于体前，右臂伸直，左臂自然垂
2 于体侧。随后半蹲，将壶铃下放至右膝左侧，右臂保持伸直。

↓

3 快速地伸髋伸膝，紧接着快速地耸右肩，同时右肘屈曲，向
4 上提拉壶铃，随即将壶铃甩至手背，右臂伸直，身体下蹲。
5 身体稳定后，站直。注意动作的连贯性。

↓

↻ 回到起始姿势。重复规定的次数。

药球篇

壶铃篇

3.10 高翻

壶铃 - 高翻 - 单臂

训练部位	**全身**
主要肌肉	**臀部肌群、腘绳肌、股四头肌、小腿三头肌、斜方肌、核心肌群**
训练板块	**力量练习、爆发力练习**
训练目标	**力量、爆发力、协调、平衡**

3

药球篇

壶铃篇

动作要点

1 半蹲，双脚分开。右手握壶铃于右膝左侧，右臂伸直，左臂自然垂于体侧。

2 快速地伸髋伸膝，紧接着快速地耸右肩，同时右肘屈曲，向上提拉壶铃。

3 肘部抬至最高点时，将壶铃甩至手背，同时右肘下放，形成架式支撑姿势，身体下蹲。注意动作的连贯性。

↺ 回到起始姿势。重复规定的次数。

3.11 环绕

壶铃 - 站姿环绕

训练部位　**上肢、核心**

主要肌肉　**核心肌群、前臂肌群**

训练板块　**力量练习、热身练习**

训练目标　**力量、稳定**

动作要点

1 直立，双脚分开。双手握壶铃于体前，双臂伸直。

2 3 左手将壶铃移至身体左侧，随后在体后将壶铃递至右手，接着右手将壶铃移至身体右侧，然后将壶铃移至体前。

4 5

↻ 继续手持壶铃环绕身体运动，重复规定的次数。

药球篇

壶铃篇

壶铃 - 胯下8字环绕 - 连续

训练部位　核心、上下肢

主要肌肉　核心肌群、臀部肌群、股四头肌、前臂肌群

训练板块　力量练习、热身练习

训练目标　力量、稳定、协调

动作要点

1 半蹲，双脚分开，大于肩宽。在左脚前方的地面上放置一个壶铃，向前俯身至左臂伸直时左手刚好可以握住壶铃把手。

2 左手握壶铃向右腿后方移动，在两腿之间将壶铃从左手递至右手。

3 右手握壶铃先移至右腿前方，再向左腿后方移动，在两腿之间将壶铃从右手递至左手。

4 左手握壶铃移至左腿前方，完成8字环绕。重复规定的次数。

药球篇

3

4

壶铃篇

3.12 甩摆

壶铃 - 基本甩摆 - 双臂 - 单铃

①

②

训练部位　**上下肢、髋部**

主要肌肉　**腘绳肌、臀部肌群、核心肌群**

训练板块　**力量练习、爆发力练习**

训练目标　**力量、爆发力**

③

④

动作要点

1 直立，双脚分开。在身体前方距离合适（半蹲，向前俯身，双手可以握住壶铃把手）的地面上放置一个壶铃。屈髋屈膝，俯身，双手握住壶铃把手，在两腿之间向后甩摆壶铃。

2 伸膝伸髋，起身站直，同时向前甩摆壶铃至双臂平行于地面。

3
4 让壶铃向两腿之间自然下摆，顺势屈髋屈膝，向前俯身。随后再次像要点2中描述的那样甩摆壶铃。重复规定的次数后起身站直。

壶铃 - 基本甩摆 - 单臂

①

②

训练部位	上下肢、髋部
主要肌肉	腘绳肌、臀部肌群、核心肌群
训练板块	力量练习、爆发力练习
训练目标	力量、爆发力、平衡

3

4

药球篇

壶铃篇

动作要点

1 直立，双脚分开。在身体前方距离合适（半蹲，向前俯身，双手可以握住壶铃把手）的地面上放置一个壶铃。屈髋屈膝，俯身，右手握住壶铃把手，在两腿之间向后甩摆壶铃。

2 伸膝伸髋，起身站直，同时向前甩摆壶铃至右臂平行于地面。

3 让壶铃向两腿之间自然下摆，顺势屈髋屈膝，向前俯身。

4 随后再次像要点2中描述的那样甩摆壶铃。重复规定的次数后起身站直。

壶铃 - 交替甩摆 - 单臂

1

2

训练部位　**上下肢、髋部**
主要肌肉　**腘绳肌、臀部肌群、核心肌群**
训练板块　**力量练习、爆发力练习**
训练目标　**力量、爆发力、协调、平衡**

动作要点

① 直立，双脚分开，大于肩宽。在身体前方距离合适（半蹲，向前俯身，双手可以握住壶铃把手）的地面上放置一个壶铃。屈髋屈膝，俯身，右手握住壶铃把手，在两腿之间向后甩摆壶铃。

② 伸膝伸髋，起身站直，同时向前甩摆壶铃至右臂平行于地面，随即将壶铃递至左手。

③④ 让壶铃向两腿之间自然下摆，顺势屈髋屈膝，向前俯身。随后起身，同时将壶铃递至右手。两手交替重复规定的次数。

药球篇

壶铃篇

3.13 旋转

壶铃 - 侧卧 - 髋关节旋转

训练部位 **肩部、核心**

主要肌肉 **肩袖肌群、核心肌群**

训练板块 **力量练习、热身练习、稳定性练习**

训练目标 **力量、稳定、协调、平衡**

注意事项 **运动过程中眼睛始终注视壶铃**

动作要点

1 仰卧于垫上，右膝屈曲90度，左腿伸直。右手握壶铃，右臂伸直，与地面垂直。

2 身体向左侧旋转至躯干垂直于地面。保持核心收紧。

↻ 回到起始姿势。重复规定的次数。

3.14 臀桥

壶铃 - 双腿臀桥 - 放置腹部

训练部位　**核心、臀部**

主要肌肉　**臀部肌群、腘绳肌、胸大肌、肱三头肌**

训练板块　**力量练习、热身练习**

训练目标　**力量、爆发力、协调**

动作要点

1　仰卧于垫上，双膝屈曲。双手握住壶铃，将其置于腹部上方。

2　向上顶髋至躯干和大腿呈一条直线。

↻　回到起始姿势。重复规定的次数。

药球篇

1

壶铃篇

2

壶铃 - 单腿臀桥 - 放置腹部

训练部位 **核心、臀部**

主要肌肉 **臀部肌群、腘绳肌、胸大肌、肱三头肌**

训练板块 **力量练习、热身练习**

训练目标 **力量、爆发力、协调、平衡**

动作要点

1 仰卧于垫上，左膝屈曲，右腿伸直。双手握壶铃，将其置于腹部上方。

↓

2 向上顶髋至躯干和大腿呈一条直线。

↺ 回到起始姿势。重复规定的次数。

1

2

3.15 起立

壶铃 - 仰卧 - 单臂推举 - 屈膝

训练部位 **上肢**

主要肌肉 **胸大肌、肱三头肌**

训练板块 **力量练习**

训练目标 **力量、稳定、动作模式**

动作要点

1 仰卧于垫上，双膝屈曲。右手握壶铃，右肘屈曲，将壶铃置于上臂上方，形成架式支撑姿势。

2 上推壶铃至右臂伸直。

↻ 回到起始姿势。重复规定的次数。

药球篇

1

2

壶铃篇

壶铃 - 单臂支撑 - 仰卧起坐

训练部位　**核心、上肢**

主要肌肉　**核心肌群、前臂肌群**

训练板块　**力量练习**

训练目标　**力量、稳定、平衡**

动作要点

① 仰卧于垫上，双腿伸直，将一个壶铃套在右脚上。右手握壶铃，右肘屈曲，将壶铃置于上臂上方，形成架式支撑姿势。

② 起身进行仰卧起坐至上半身垂直于地面。同时上推壶铃至右臂伸直。

↻ 回到起始姿势。重复规定的次数。

①

②

壶铃 - 土耳其起立（半程）

训练部位　**核心、上肢**

主要肌肉　**核心肌群、前臂肌群**

训练板块　**力量练习、热身练习、稳定性练习、动作模式练习**

训练目标　**力量、稳定、动作模式、平衡**

动作要点

1 仰卧于垫上，右膝屈曲，左腿伸直。右手握壶铃，右臂伸直，与地面垂直。

2 抬起上半身，左肘撑地，右臂仍向上伸直。

3 继续抬起上半身，左手撑地，臀部仍触地。

4 向上顶髋至躯干和大腿呈一条直线。

↻ 倒序完成上述动作，回到起始姿势。重复规定的次数。

药球篇

壶铃篇

壶铃 - 土耳其起立

1

2

3

4

<table>
<tr><td>训练部位</td><td>核心、上下肢</td></tr>
<tr><td>主要肌肉</td><td>核心肌群、臀部肌群、股四头肌、腘绳肌、前臂肌群</td></tr>
<tr><td>训练板块</td><td>力量练习、热身练习、稳定性练习、动作模式练习</td></tr>
<tr><td>训练目标</td><td>力量、稳定、协调、动作模式、平衡</td></tr>
<tr><td>注意事项</td><td>在运动过程中眼睛始终注视壶铃、注意发力顺序</td></tr>
</table>

药球篇

动作要点

1. 仰卧于垫上，右膝屈曲，左腿伸直。右手握壶铃，右臂伸直，与地面垂直。

2. 抬起上半身，左肘撑地，右臂仍向上伸直。

3. 继续抬起上半身，左手撑地，臀部仍触地。

4. 向上顶髋至躯干和大腿呈一条直线。

5. 左脚向后撤，随后左膝跪于垫上，上半身向上至与地面垂直。

6.

7. 起身站直。全程保持右臂向上伸直。

↻ 倒序完成上述动作，回到起始姿势。重复规定的次数。

壶铃篇

CHAPTER 04 第 4 章

训练计划

　　要想设计一份合理的训练计划，必须明确个人的训练需求，并遵循一定的原则。本章将介绍训练参数含义和青少年训练计划制定原则，并提供9个适合青少年的药球和壶铃训练计划。

4.1　青少年训练计划制定原则

（1）在制定训练计划之前，应该确定个人的需求。青少年在身体和心理的成熟程度、训练目标、遗传潜力及参与训练的意愿方面都存在个体差异。因此，制定个性化的训练计划是成功的关键。

（2）在制定训练计划之前，应对青少年进行全面的身体评估。评估内容应包括基本健康状况评估（是否有损伤及损伤的原因）、当前身体状态评估和运动表现能力评估。对身体测试结果的评估与评估结果将直接影响训练计划的制定与实施。

（3）训练计划要全面。训练内容应包含各项身体素质（力量、耐力、柔韧性和灵活性等）的动态、静态及开链、闭链等练习。青少年处于发展敏感期，在这个阶段采用丰富的训练手段来全面发展各项身体素质，不仅能够提高青少年参与运动的积极性，还将为今后打下扎实的体能基础。

（4）训练计划要均衡。训练内容应涉及身体上肢、下肢，前侧、后侧，以及躯干部位的训练，避免不平衡训练带来的动作模式欠佳、不良体态及运动损伤等问题。

（5）采用适当的训练量和强度。由于青少年骨骼和肌肉系统尚未发育成熟，过大的训练量及训练强度可能会适得其反，不仅影响青少年参加训练的积极性，同时会打击他们的自信心，切忌不要将成年人的训练计划用于青少年。

（6）计划要具有进阶性。训练内容应该从简单到复杂，并根据身体对训练刺激的适应程度循序渐进地进行调整。进阶则意味着进步，青少年应通过增加训练频率、强度和时间，来逐渐提高他们的训练难度，从而进一步改善身体素质。

4.2 训练节奏与间歇

对于一组训练的内容安排来说，训练动作固然重要，但训练时的动作节奏与间歇时间才是成功与否的关键。我们通常把动作节奏定义为某些数字：如果动作的离心阶段是 2 秒，等长阶段是 2 秒，向心阶段是 1 秒，则将动作节奏表示为2-2-1。例如进行杠铃深蹲练习时，身体从站姿向下蹲的过程为 2 秒，到达最低位置时保持 2 秒，从深蹲姿势到站立过程为 1 秒。训练目的不同，动作节奏也不同。

间歇时间是指两组训练之间或者两个动作之间的间隔时间，它决定着训练的强度。当青少年逐渐适应了训练计划以后，就可以缩短组间或者动作之间的休息时间，从而提高训练强度。而如果我们采用更大的训练负荷时，那么间歇时间会相应地增加，让机体有更充分的恢复时间，这样能够有效地避免过度训练以及可能带来的运动损伤。

4.3 青少年药球训练方案

训练计划1：上肢爆发力训练方案

训练目的： 通过药球练习提升青少年的关节控制能力，增强其平衡感并减少神经连接的反应时间，同时改善单位时间内神经募集肌肉的能力，从而提高上肢爆发力。

页码	动作图片	动作名称	组数	重复次数 / 保持时间	练习节奏	间歇时间
52		药球-半跪姿-胸前推球	2组（左右两侧各1组）	8次	有控制、快速	60秒
53		药球-分腿姿-胸前推球	2组（左右两侧各1组）	8次	有控制、快速	60秒
61		药球-基本姿-过顶扔球	1组	10次	有控制、快速	60秒
57		药球-跪姿-过顶扔球	1组	10次	有控制、快速	60秒

训练计划 2：下肢强化训练方案

训练目的： 增加下肢肌肉力量，避免关节损伤，防止身体形态发育不良，促进身高增长，提高运动表现和青少年的运动自信。

页码	动作图片	动作名称	组数	重复次数 / 保持时间	练习节奏	间歇时间
26		药球-椅式深蹲	1组	10次	2-1-1	60秒
28		药球-双侧交替侧弓步	2组（左右两侧各1组）	8次	有控制、中速	60秒
48		药球-站姿-旋转推举-对角线	2组（左右两侧各1组）	8次	有控制、中速	60秒
66		药球-单腿军步-平行旋转扔球	2组（左右两侧各1组）	6次	有控制、中速	60秒
70		药球-分腿姿-垂直旋转扔球-同侧	2组（左右两侧各1组）	6次	有控制、中速	60秒

训练计划 3：跑跳能力提升训练方案

训练目的： 改善青少年的下肢肌肉协调性，增强爆发力，提高青少年在跳跃过程中的肌肉纤维快速收缩的能力和无氧代谢能力，提高球类运动及其他涉及跑跳类专项运动的运动表现。

页码	动作图片	动作名称	组数	重复次数 / 保持时间	练习节奏	间歇时间
36		药球 – 深蹲跳	1 组	8 次	有控制、快速	60 秒
69		药球 – 分腿姿 – 垂直旋转扔球 – 对侧	2 组 （左右两侧各1组）	8 次	有控制、快速	60 秒
37		药球 – 双侧交替弓步跳	2 组 （左右两侧各1组）	10 次	有控制、快速	60 秒
65		药球 – 基本姿 – 平行旋转扔球	2 组 （左右两侧各1组）	8 次	有控制、快速	60 秒

训练计划 4：核心力量训练方案

训练目的： 建立强大的核心肌群，在日常生活和运动过程中稳定脊柱，保证力在躯干的有效传递，优化动作模式，让动作更加经济有效。

页码	动作图片	动作名称	组数	重复次数 / 保持时间	练习节奏	间歇时间
19		药球 – 平板支撑	1 组	15 秒	有控制、中速	30 秒
22		药球 – 平板支撑交替抬腿	1 组	12 次	有控制、中速	30 秒
30		药球 – 标准仰卧起坐	1 组	10 次	有控制、中速	30 秒
42		药球 – 俄罗斯旋转	1 组	左右各8次	有控制、中速	30 秒
34		药球 – 仰卧两头起 – 球碰脚尖	1 组	8 次	有控制、慢速	30 秒

训练计划 5：核心爆发力训练方案

训练目的： 增强青少年的核心力量及爆发力，改善其核心肌群的控制能力，提高上下肢力的传递效率，降低动作过程中的能量损失，整体提升运动表现。

页码	动作图片	动作名称	组数	重复次数 / 保持时间	练习节奏	间歇时间
40		药球-仰卧起坐-过顶抛接球	1 组	10 次	快速下放，慢速起身	45 秒
73		药球-基本姿-过顶砸球	1 组	8 次	有控制、快速	60 秒
38		药球-仰卧起坐-胸前抛接球	1 组	8 次	有控制、快速	45 秒
74		药球-跪姿-旋转过顶砸球	2 组（左右两侧各1组）	8 次	有控制、快速	60 秒
44		药球-俄罗斯旋转-垂直旋转抛接球-双脚支撑	2 组（左右两侧各1组）	8 次	有控制、快速	60 秒

4.4 青少年壶铃训练方案

训练计划 1：高强间歇——减脂训练方案

训练目的： 采用高强度间歇训练大幅增加身体的能量消耗。这种训练模式能够避免长时间有氧训练所导致的肌肉分解，并同样达到减脂效果，且为青少年的训练节约时间。

页码	动作图片	动作名称	组数	重复次数 / 保持时间	练习节奏	间歇时间
102		壶铃 - 站姿环绕	2 组 （左右两侧 各 1 组）	30 秒	有控制、 慢速	15 秒
104		壶铃 - 胯下 8 字环绕 - 连续	2 组 （左右两侧 各 1 组）	30 秒	有控制、 慢速	15 秒
88		壶铃 - 行李箱硬拉 - 单臂	2 组 （左右两侧 各 1 组）	5 次	2 - 1 - 1	15 秒
108		壶铃 - 基本甩摆 - 单臂	4 组 （左右两侧 各 2 组）	20 秒~ 10 秒	有控制、 快速	60 秒
79		壶铃 - 站姿 - 过顶上举 - 单臂	4 组 （左右两侧 各 2 组）	20 秒~ 10 秒	1 - 1 - 2	60 秒

注：前 4 个动作为热身训练，后 2 个动作，每个动作做 20 秒休息 10 秒，组间休息 1 分钟。

训练计划 2：高强循环——减脂训练方案

训练目的：采用高强度循环训练，刺激青少年的无氧心肺功能，同时消耗大量的身体卡路里，达到减脂的效果。

页码	动作图片	动作名称	组数	重复次数 / 保持时间	练习节奏	间歇时间
87		壶铃 - 单腿硬拉 - 单臂 - 对侧	2 组（左右两侧各 1 组）	6 次	2-1-1	10 秒
82		壶铃 - 高位风车	2 组（左右两侧各 1 组）	10 次	1-2-1	10 秒
110		壶铃 - 交替甩摆 - 单臂		左右交替各 15 次	有控制、快速	无
100		壶铃 - 高翻 - 单臂		左右交替各 15 次	有控制、快速	无
83		壶铃 - 持铃深蹲		15 次	2-1-1	无
116		壶铃 - 单臂支撑 - 仰卧起坐		左右两侧各 15 次	有控制、中速	无

注：前两个动作为热身训练，后四个动作采用循环模式，在 10 分钟内做尽可能多的轮数。

训练计划 3："跑得更快"训练方案

训练目的： 提高青少年在短距离跑动过程中的肌肉纤维快速收缩的能力，以及增强他们的无氧代谢能力。

页码	动作图片	动作名称	组数	重复次数 / 保持时间	练习节奏	间歇时间
108		壶铃－基本甩摆－单臂	2 组（左右两侧各1组）	15 秒	有控制、快速	60 秒
110		壶铃－交替甩摆－单臂	2 组（左右两侧各1组）	15 秒	有控制、快速	60 秒
80		壶铃－前蹲－过顶上举－单臂	2 组（左右两侧各1组）	15 秒	有控制、快速	60 秒
95		壶铃－高拉－双臂－单铃	1 组	15 秒	有控制、快速	60 秒
97		壶铃－挺举－单臂	2 组（左右两侧各1组）	15 秒	有控制、快速	60 秒

训练计划 4："跑得更久" 训练方案

训练目的： 进行长距离跑动时，主要使用有氧系统提供能量，冲刺阶段则须使用无氧系统，此计划包含了针对有氧系统及无氧系统的力量训练。

页码	动作图片	动作名称	组数	重复次数/保持时间	练习节奏	间歇时间
108		壶铃–基本甩摆–单臂	2 组（左右两侧各1组）	30 秒	有控制、快速	60 秒
82		壶铃–高位风车	2 组（左右两侧各1组）	10 秒	有控制、慢速	30 秒
80		壶铃–前蹲–过顶上举–单臂	2 组（左右两侧各1组）	30 秒	有控制、中速	60 秒
87		壶铃–单腿硬拉–单臂–对侧	2 组（左右两侧各1组）	6 次	2-1-1	60 秒
104		壶铃–胯下8字环绕–连续	2 组（左右两侧各1组）	30 秒	有控制、慢速	30 秒

参考文献

[1] 王雄, 沈兆喆. 身体功能训练动作手册 [M]. 北京：人民体育出版社, 2014.

[2] Istvan Balyi, Richard Way, Colin Higgs. Long–Term Athlete Development [M]. Champaign, IL: Human Kinetics, 2013.

[3] Stephen J. Virgilio. Fitness Education for Children: A Team Approach [M]. Champaign, IL: Human Kinetics, 2012.

[4] Frances Cleland Donnelly, Suzanne S. Muller, David L. Gallahue. Developmental Physical Education for All Children: Theory into Practice (Fifth Edition) [M]. Champaign, IL: Human Kinetics, 2017.

[5] Shirley Holt, Hale Tina Hall. Lesson Planning for Elementary Physical Education: Meeting the National Standards & Grade–Level Outcomes [M]. Champaign, IL: Human Kinetics, 2016.

[6] Robert J. Doan, Lynn Couturier MacDonald, Stevie Chepko. Lesson Planning for Middle School Physical Education: Meeting the National Standards & Grade–Level Outcomes [M]. Champaign, IL: Human Kinetics, 2017.

[7] SHAPE America–Society of Health and Physical Educators. National Standards & Grade–Level Outcomes fork–12 physical education. Champaign, IL: Human Kinetics, 2014.

[8] Christine Galvan. Achieve Physical Education Curriculum (Sixth Edition). Gopher Sport, 2017.

[9] Ericsson, K. The influence of experience and deliberate practice on the development of superior performance., The Cambridge handbook of expertise and expert performance. Cambridge, UK: Cambridge University Press, 2006.

[10] Haibach, P. S., Reid, G., & Collier, D. J. Motor learning and development. Champaign, IL: Human Kinetics, 2011.

[11] Mitchell, S., Oslin, J., & Griffin, L. Teaching sport concepts and skills: A tactical games approach. Champaign, IL: Human Kinetics, 2006.

[12] A. Vonnie Colvin, EdD, Nancy J. Egner Markos, Med, Earlysville, Virginia. Teaching Fundamental Motor Skills (Third Edition). Champaign, IL: Human Kinetics, 2016.

[13] John Byl.101 Fun Warm–up and Cool–down games. Champaign, IL: Human Kinetics, 2014.

[14] 拉里·格林, 鲁斯·佩特. 青少年长跑训练: 第3版 [M]. 沈兆喆, 王雄译. 北京: 人民邮电出版社, 2016.

[15] 罗宾·S. 维莱, 梅利莎·A. 蔡斯. 青少年体育运动指导与实践 [M]. 徐建方, 王雄译. 北京：人民邮电出版社, 2017.

[16] 斯蒂芬·J. 维尔吉利奥. 儿童身体素质提升指导与实践: 第2版 [M]. 王雄译. 北京：人民邮电出版社, 2017.

[17] 威廉·J. 克雷默, 史蒂文·J. 弗莱克. 青少年运动员力量训练: 第2版 [M]. 王雄, 徐建方译. 北京：人民邮电出版社, 2018.

[18] 艾弗里·D. 费根鲍姆, 韦恩·L. 威斯克. 青少年力量训练: 针对身体素质、健身和运动专项的动作练习和方案设计 [M]. 王雄, 徐建方译. 北京：人民邮电出版社, 2018.